유창한 회화를 위한

인도네시아어
문법

Digis

열공! _ 유창한 회화를 위한 인도네시아어 문법

'누구나 인도네시아 땅을 한 번 밟으면 적어도 한 번은 더 인도네시아를 찾게 된다'는 속설이 있다.

일년 내내 내리쬐는 따사로운 햇살, 시원하게 쏟아 붓는 장대비, 언제 어디서 만나도 반갑게 미소 짓는 사람들의 얼굴. 인도네시아는 한마디로 표현하기 어려울 만큼 수 만가지 매력을 지닌 나라임이 분명하다.

인도네시아 사람들은 불필요한 욕심을 내기 보다는 '만족하는 자세'와 너그럽게 이해하는 '관용의 정신'을 실천하며 살아간다. 이들의 단순하고 유쾌한 삶의 모습이 인도네시아어에도 고스란히 묻어나 있다.

인도네시아어는 문법체계가 복잡하지 않아 누구나 쉽게 접근할 수 있는 언어다. 인도네시아를 조금이라도 접해 봤다면 '인도네시아어는 문법을 공부할 필요가 없다' 라고 생각할지도 모르겠다.

그만큼 구어와 문어가 다른 모습을 하고 있기 때문이기도 하다. 이점에 착안하여 말하기뿐만 아니라, 인도네시아어를 읽고 쓰는 데 꼭 필요한 문법을 기초부터 심화까지 단계별로 정리하였다.

탄탄하게 문법체계를 세워 구어와 문어 모두 정확하고 유창하게 표현할 수 있도록 다양한 예문을 통해 학습해 보자.

당당하게 인도네시아 땅을 밟는 그날까지!

열공! 유창한 회화를 위한 **인도네시아어 문법**이 더 좋은 책이 될 수 있도록 교정을 도와 주신 인도네시아 가자마다대학교 Suray Agung Nugroho 교수님과 Diana Paramitha Rachman에게 감사의 마음을 전한다.

책이 나오기까지 함께 고민하고 힘을 북돋아 주신 Digis 김인숙 실장님, 김태연 부장님께도 감사 드린다.

민 선 희 | 저자

CONTENTS

CONTENTS

이 책의 구성과 활용

CHAPTER 1
발음편

인도네시아어의 모음과 자음, 발음을 알아 보자.
인도네시아어 문자는 로마자로 자음 21개, 모음 5개 총 26개
의 알파벳으로 이루어져 있다.

CHAPTER 2
기본편

쉬운 예문과 단어

인도네시아어를 본격적으로 공부하기 전에 쉬운 예문과 단어
로 기본을 다지자!
문장을 통째로 공부하는 것이 좋다.

인도네시아 문화

언어 관습은 물론 생활에서 흔히 접할 수 있는 문화를 소개
했다.
문화를 이해하면 언어도 쉬워진다.

CHAPTER 3
접사편

챕터별 정리

접사의 문법적인 의미를 정리하였고, 대표적인 예문을 통해
용례를 확실히 익힐 수 있게 하였다. 접사는 읽고 쓰는 언어
생활을 위해 꼭 필요한 문법항목이다.

심화

기본적인 문법사항을 익힌 후, 한 단계 더 어려운 문법에
도전해 보자.
고급수준의 언어생활을 누릴 수 있게 하는 알짜배기 문법을
담았다.

CHAPTER 4
구문편

챕터별 정리

구문은 유창하고 정확한 언어를 구사하는 데 꼭 필요한 '뼈대'
이다.
다양한 문형의 구문을 익힌 후 어휘를 공부하면 금상첨화.

생생 어휘

일상생활에서 바로 쓸 수 있는 어휘를 대표적인 예문으로
학습할 수 있도록 했다.

CHAPTER 1

발음편

 인도네시아어의 문자는 로마자를 사용한다.

1 알파벳 Abjad 압잣

Abjad 압잣 의 이름은 철자나 약어를 표현할 때 사용하므로 꼭 알아두도록 하자!

Abjad	이름	음가	Abjad	이름	음가
A a	아	ㅏ	H h	하	ㅎ
B b	베	ㅂ	I i	이	ㅣ
C c	쩨	ㅉ	J j	제	ㅈ
D d	데	ㄷ	K k	까	ㄲ
E e	에	ㅔ	L l	엘	ㄹ
F f	에프[éf]	ㅍ	M m	엠	ㅁ
G g	게	ㄱ	N n	엔	ㄴ

Abjad	이름	음가	Abjad	이름	음가
O o	오	ㅇ	U u	우	ㅜ
P p	뻬	ㅃ	V v	페 [fé]	ㅍ
Q q	끼	ㄲ	W w	웨	ㅝ
R r	에르	ㄹ	X x	엑스	ㄱ
S s	에스	ㅅ	Y y	예	ㅑ
T t	떼	ㄸ	Z z	젯	ㅈ

- 인도네시아 문자는 로마자로 영어의 알파벳을 사용하며, 자음 21개, 모음 5개 총 26개의 알파벳으로 이루어져 있다.

2 모음

❶ 단모음

인도네시아어의 단모음에는 **a** 아, **e** 에,으, **i** 이, **o** 오, **u** 우 가 있다.

- **ada** 아다 있다

- **méja** 메자 탁자, 책상
- **emas** 으마스 금 (영gold)
- **ke̲rja** 끄르자 일하다

[에]와 [으] 발음 구분에 대한 음운 규칙이 없으므로 새로운 단어를 접할 때마다 사전을 참고하여 발음을 숙지한다. **meja / méja** / 메자

er의 경우 한국어로는 **ke̲rja** 끄르자 **pe̲rgi** 쁘르기 와 같이 으로 표기하지만 엄밀히 말하면 똑같지는 않다. 어 보다는 으 에 가깝게 발음하는데, 으 입모양에 약간의 어를 넣어 발음하면 된다. 어 처럼 입을 크게 벌리지 않는다.

- **nasi** 나시 밥

- **soré** 소레 늦은 오후
  (오후 3시 경 이후~해질 무렵)

- **susu** 수수 우유

인도네시아어의 **o** 는 두 가지가 있으나 한국인이 구분하여 발음하기 어려우므로 /o/ 하나로 발음한다.

❷ 이중모음

대표적인 이중모음에 ai 아이, au 아우, oi 오이 가 있다.

ai

아이 또는 에-

- sampai 삼빠이/쌈뻬- (시간) ~까지, 도착하다
- bagaimana 바가이마나/바게-마나 어떻게, 어떤(영 how)
- ramai 라마이/라메- 혼잡한

au

아우 또는 오-

- kalau 깔라우/깔로- ~라면, ~의 경우에는(영 if)
- saudara 사우다라/소-다라 형제, 자매

oi

오이

- sepoi-sepoi 스뽀이-스뽀이 (바람이) 살랑살랑 부는
- boikot 보이꼿 불매운동

바람이
살랑살랑~

❸ 반모음

w

웨

뒤에 오는 모음에 따라 wa 와, wi 위, wo 워 등으로 발음한다.
- waktu 왁뚜 시간
- wisata 위사따 관광

y

예

뒤에 오는 모음에 따라 ya 야, yo 요, yu 유 등으로 발음한다.
- karyawan 까르야완 사무원
- Yunani 유나니 그리스

3 자음

인도네시아어의 자음은 영어와 달리 묵음이 없다.

❶ 단자음

b	• **bumi** 부미 지구
ㅂ	• **jilbab** 질밥 무슬림 여자들이 머리에 두르는 것
	음절 끝에서는 ㅂ받침으로 발음한다.

c	• **cari** 짜리 찾다
ㅉ	

d	• **dasi** 다시 넥타이
ㄷ	• **masjid** 마스짇 이슬람 사원
	음절 끝에서는 ㄷ(ㅅ)받침으로 발음한다.

f	• **maaf** 마아프 미안하다
영어 f	

g	• **gaji** 가지 월급
ㄱ	

- **mahal** 마할 비싸다
- **murah** 무라ㅎ 싸다

- **jamu** 자무 인도네시아 전통 약용 식물 혹은 음료

- **kaki** 까끼 발, 다리
- **budak** 부닥 노예

음절 끝에서는 ㄱ받침으로 발음한다.

- **halal** 할랄 이슬람 율법에 맞는

  식당 메뉴나 포장된 음식, 화장품 등에 **halal**이라고 표시되어 있는 것을 흔히 볼 수 있는데, 이는 이슬람에 율법에 위배되는 요소들을 포함하고 있지 않다는 뜻이다.

- **lupa** 루빠 잊다

 발음Tip

rupa 루빠로 잘못 발음할 경우 다른 뜻 **모양, 형상**이 된다.

할랄마크

- **madu** 마두 꿀
- **demam** 드맘 열

15

- noda 노다 얼룩
- makan 마깐 먹다

- pagi 빠기 아침
- cukup 쭈꿉 충분한

음절 끝에서는 ㅂ받침으로 발음한다.

q ㄲ

주로 아랍어에서 차용된 단어가 많고
인도네시아어 고유어에는 잘 나타나지 않는다.

- Al-Quran 알꾸르안 이슬람경전

masjid 이슬람 사원

r ㄹ

- Rabu 라부 수요일
- tidur 띠두르 자다

발음Tip

소리를 내지 않고 입을 으 모양으로 한 후, **혀를 차 듯이** 르를 발음해 본다.
부르르르~

s 영어 s

- Senin 스닌 월요일
- Kamis 까미스 목요일

발음Tip

음절 끝에 오면 영어 nice를 발음할 때와 같이 발음한다.

t
ㄸ

- teman 뜨만 친구
- Jumat 줌앗 금요일

음절 끝에서는 ㅅ받침으로 발음한다.

v
영어 f

- v [fé] 페는 영어 f와 발음이 같다.
- visi 피시 비전

x
엑스

인도네시아어 고유어에서는 거의 나타나지 않는다.
외래어에서 온 전문용어를 쓸 때 보통 나타난다.

- xenofobia 세노포비아/제노포비아 외국인공포증
- ekspatriat 엑스빠뜨리앗 주재원 (영 expatriate 국외 거주자)

eks로 표기하는 것이 인도네시아어 맞춤법에 맞다. 그러나 실생활에서는 ex로 쓰기도 한다.

z
영어 z

- azan 아잔 (무슬림들에게)
  기도시간을 알리는 소리

azan 아잔

❷ 이중자음

인도네시아어의 대표적인 이중자음에는 kh 까하, ng 엔게, ny 엔예, sy 에스예, nk 엔까 가 있다.

kh
ㅎ

ㅋ와 ㅎ의 중간 발음이나, ㅎ에 더 가깝다.
- khusus 후수스 ~만을 위한, 특별한
- khawatir 하와띠르 걱정하다

ng
응

[응]으로 발음한다.
- mungkin 뭉낀 아마
- ngebut (ng)으붓 (이동, 일의) 속도를 내다

 발음Tip
문두에 올 경우 완전한 응 이 아니라 **반정도 콧소리를 내야 하므로** 한국인이 발음하기 어렵다.

ny
냐, 뇨, 뉴

뒤에 오는 모음에 따라 nya 냐, nyo 뇨, nyu 뉴 등으로 발음한다.
- nyaman 냐만 편안한
- Banyuwangi 바뉴왕이 (자와섬의 도시 이름) 바뉴왕이

sy
샤, 슈, 쇼

뒤에 오는 모음에 따라 sya 샤, syu 슈, syo 쇼 등으로 발음한다.
- masyarakat 마샤라깟 사회, 국민들
- syukur 슈꾸르 (신에게) 감사하다

nk
이응 받침

이응 받침 으로 발음한다.
- bank 방 은행

/ng/=/nk/ 발음이 같다.

★자음동화(비음화) 영향때문에 주의해야 할 인도네시아어 발음

예 makna   스타카토를 주듯이 **mak-na** 로 끊어 발음한다.

막나 [망나] (X)   ⇒   막-나 (O)

maksudnya   스타카토를 주듯이 **maksud-nya** 로 끊어 발음한다.

막숟냐 [막순냐] (X)   ⇒   막- 숟- 냐 (O)

jumlah   **jum**을 먼저 발음 한 후 **lah**를 따로 발음한다.
              마지막 [h]발음도 잊지 말자!

줌라 [줌나] (X)   ⇒   줌- 라 -ㅎ (O)

★주의해야 할 발음 하나 더! **k**

예 Bapak 바빠-ㄱ   남자에게 쓰는 호칭 중 하나

              [빠]를 발음하면서 목에서 바람을 오래 내보내지
              않고 성문을 빨리 닫아 발음한다.

[바빡] (X) [바빠] (X)   ⇒   바빠-ㄱ (O)

Mbak (음)바-ㄱ   여자에게 쓰는 호칭 중 하나

[음박] (X) [음바] (X)   ⇒   (음)바-ㄱ (O)

bakso 바-ㄱ소   인도네시아인들이
              아주 즐겨 찾는 음식 중 하나

[박소] (X) [바소] (X)   ⇒   바-ㄱ소 (O)

bakso

인도네시아 사람들은 약칭을 자주 사용한다. 상용되는 약칭 몇 가지를 알아 두면 좋다.

약칭	정식 명칭	뜻
SD 에스-데	Sekolah Dasar 스꼴라ㅎ 다사르	초등학교
SMP 에스-엠-뻬	Sekolah Menengah Pertama 스꼴라ㅎ 므능아ㅎ 뻐르따마	중학교
SMA 에스-엠-아	Sekolah Menengah Atas 스꼴라ㅎ 므능아ㅎ 아따스	고등학교
BBM 베-베-엠	Blackberry Messenger 블랙베리 메센저르	블랙베리 메신저
KBRI 까-베-에르-이	Kedutaan Besar Republik Indonesia 끄두따안 브사르 레뿌블릭 인도네시아	인도네시아 대사관
BBM 베-베-엠	Bahan Bakar Minyak 바한 바까르 미냑	연료
ITB 이-떼-베	Institut Teknologi Bandung 인스띠뚯 텍-놀로기 반둥	반둥공과대학
UGM 우-게-엠	Universitas Gadjah Mada 우니퍼르시따스 가자ㅎ 마다	가자마다대학교
UI 우-이	Universitas Indonesia 우니퍼르시따스 인도네시아	인도네시아대학교
DKI Jakarta 데-까-이 자까르따	Daerah Khusus Ibukota Jakarta 다에라ㅎ 후수스 이부꼬따 자까르따	자카르타 특별구

4 강세

대체로 마지막 음절 앞 모음에 강세가 있다.
영어처럼 강세가 크게 두드러지는 언어는 아니므로 자연스럽게 하면 된다.

taman
따–만

• 공원

ta-man 따-만 2음절이므로 첫 번째 음절 따에 강세가 있다.

pengiriman
뽕-이-림-안

• 보냄, 송부

peng-i-rim-an 뽕-이-림-안 4음절이므로 세 번째 음절 림에 강세가 있다.

CHAPTER 2

기본편

기본편으로 인도네시아어의 뼈대를 잘 세우자!

인도네시아어를 본격적으로 공부하기 전에 필수적으로 공부해야 할 항목들을 모았다.

1 호칭

인도네시아에서는 호칭으로 상대방에 대한 예의와 존경심을 표현한다.
나를 기준으로 누구에게 어떤 호칭을 써야 하는지 **정확한 쓰임**을 알고 **사용**하도록 하자.

열공 생각대로 말하는 **인도네시아어 회화** p28∼31 참고

남자에게 쓰는 호칭		여자에게 쓰는 호칭	
Bapak (Pak)	∼ 선생님, ∼님, ∼씨	Ibu (Bu)	∼ 선생님, ∼님, ∼씨
Mas	∼씨, ∼오빠, ∼형	Mbak	∼씨, ∼누나, ∼언니

내 와이프란다.
인사하렴~

Halo, Bu~
안녕하세요~

인도네시아 문화 호칭 + 이름

인도네시아에서는....
회사에서 상사를 부를 때 직함을 쓰지 않는다.
성별에 따른 호칭을 쓰거나 **호칭 + 이름**을 쓴다.

남자 상사	Bapak + 이름		여자 상사	Ibu + 이름

Bapak **Bambang**   Ibu **Ani**

Kak	kakak을 줄인 것으로 형, 누나, 오빠, 언니를 부를 때 쓴다.
Dik (Dek)	adik 동생을 나타내는 말로, 친동생에게 쓰기도 하고, 길에서 모르는 어린학생이나 어린아이를 부를 때 쓴다.
Nak	anak 아이를 부를 때 쓴다.
Bang	주로 자카르타에서 남자에게 쓰는 호칭으로 **오빠**, **형**을 뜻하는 abang을 줄인 말이다. (Mas에 해당)

호칭관련 112p 참고

기본편 2 인칭대명사

인칭대명사는 사람을 가리키는 역할을 한다.

	1인칭	2인칭	3인칭
단수	saya 저 aku 나	Anda 당신 kamu 너 engkau, dikau, kau 너, 그대	dia 그 사람(영he,she) beliau (그) 분, (이) 분
복수	kita 우리 (청자포함) kami 우리, 저희 (청자제외)	Anda sekalian 여러분들 kalian 너희들	mereka 그 사람들 므레까 (영they)

단어 밑줄 짝!

Anda
항상 대문자
로 쓴다

보통 방송인이 시청자에게 쓰거나, 통성명을 하지 않은 사이, 알고 있더라도 친하지 않은 경우 등 **거리가 있는 사이에 사용**한다. 통성명을 하고 개인적으로 친해지면 친근하게 **Mbak, Mas, Bapak, Ibu**와 같은 호칭을 쓰거나 이름을 부르는 것이 좋다.

인도네시아 문화

인도네시아의 수도
자카르타에서 많이 사용되는 gua 와 lu

자카르타에서 ...

gua는 1인칭 aku 나, lu는 2인칭 kamu 너를 뜻한다.

이 두 단어는 **비격식체**이며, 나이 차이가 많지 않고 **편안한 사이에 쓰는 말**이다.

때문에 격식을 차려야 하는 대상이나 비즈니스 파트너에게는 쓰지 않는 것이 좋다.

1인칭　gua　나 (gue 허용)

Gua gitu lho!　　　　　　　　　　그럼, 내가 누군데! (농담조의 허세)

Gua mau makan nasi goreng.　　난 볶음밥 먹을래.

* mau ~하려고 하다. ~하고 싶다
* makan 먹다
* nasi goreng 볶음밥

Itu bukan dompet gua.　　　　　그거 내 지갑 아니야.

* itu 그 것
* dompet 지갑
* bukan+명사 ~가 아니다　부정어 35p 참고

2인칭　lu　너 (loe 허용)

Lu mau ke mana?　　　　너 어디가?　　　　　* ke ~로
　　　　　　　　　　　　　　　　　　　　　　　　* mana 어디

수마트라　칼리만탄　술라웨시　파푸아

자카르타　자와　발리

3 어순

인도네시아어의 기본 어순은 주어 + 서술어 + 목적어이다.

1 주어 ✛ 서술어(동사) ✛ 목적어

例 Saya   minum   kopi.
나   마셔요   커피   •••〉 나는 커피를 마신다

흐음~

2 주어 ✛ 서술어(형용사)

be동사 (is, are)를 꼭 써야 하는 영어와 달리, 인도네시아어는 주어 뒤에 형용사가 바로 온다.

例 Dia   rajin.
그 (영 he,she)   부지런하다.   •••〉 그는 부지런하다

3 피수식어 ✚ 수식어

우리말과 반대로 꾸미는 말이 뒤에 온다.

1 명사 ✚ 소유격

문법Tip
위치로 소유격을 알 수 있어요.

예 teman   saya   내 친구
   친구   나의

2 명사 ✚ 명사

예 biaya   hidup   생활비
   비용   생활

4 수數 ✚ (단위 등의)명사

수(數), 전체, 부분 등과 관련된 단어는 앞에서 뒤에 오는 명사를 꾸민다.

예 semua karyawan   전 직원   banyak orang   많은 사람
                     (모든 직원)
   모든   직원   많은   사람(들)

seluruh Indonesia   인도네시아 전역   sedikit air   물 조금
                                                        (직역: 조금의 물)
전(全)   인도네시아   조금   물

4 부정대명사

부정대명사란 정해지지 않은 사람, 물건, 방향, 장소 등을 가리키는 **대명사**를 말한다.

seseorang	누군가	salah satu	~중 하나
seorang	어느 한 사람	sebuah	하나의, 한
sesuatu	어떤 것, 무언가		

1 seseorang   누군가

에 A : Kamu akhir-akhir ini kok kelihatan beda? 요즘 너 좀 달라보이는데 왜 그래?

B : Biasa saja. 평소랑 같은데.

A : Kamu suka seseorang, ya? 너 누구 좋아하지?

B : Enggak. 아니야.

* akhir-akhir ini 최근, 요즘
* kok (문두) 어라? (의아함)
* kelihatan ~해 보이다
* beda (berbeda) 다르다
* biasa 보통의, 평소의
* saja 그냥, 단지

나 좋아하지?

어멋!

2 seorang (어느) 한 사람

例 Sebagai seorang ibu dan juga wanita karier, dia bekerja sangat keras dan cukup sukses.

그녀는 어머니로서 그리고 커리어우먼으로서, 열심히 일했고 충분히 성공했다.

* sebagai ~로서
* dan ~와(영and)
* juga ~도
* wanita karier 커리어우먼
* wanita 여성
* bekerja 일하다
* sangat (형용사 앞에서)아주
* keras 열심히, 딱딱한 (영hard)
* bekerja keras 열심히 일하다
* cukup 충분히
* sukses 성공하다

3 sesuatu 어떤 것, 무언가

例 A : Hmm aku lapar. Aku pengin makan sesuatu.

흠, 나 배고파. 뭐 좀 먹고 싶은데...

B : Mau makan mi?

라면 먹을래?

* lapar 배고픈
* pengin (ingin ~하고 싶다)의 일상 구어
* makan 먹다
* mi 국수, 면

4 salah satu　　　　　　　　　　　　~중에 하나

A : Saya sering ikut seminar beliau.

저는 그 분 세미나에 자주 참석해요.

B : Oh ya? Beliau (adalah) salah satu dosen favorit saya juga.

아 그래요? 그 분은 제가 좋아하는 선생님 중 한 분이시기도 해요.

* sering 자주
* ikut (영 to join) 따라가다, ~을 함께 하다, ~에 참여하다
* ikut seminar 세미나에 참여하다
* dosen 대학강사, 교수(영 professor)
* favorit (제일) 좋아하는
* juga ~도

5 sebuah　　　　　　　　　　　　하나의, 한

Tidak mudah untuk membuat sebuah karya tulis.

글(작품)을 쓰는 것은 쉽지 않다.

* mudah 쉬운
* tidak mudah 쉽지 않은
* untuk (영 to 부정사) ~하기에, ~하는 것은
* membuat 만들다
* karya tulis 글 (작품)

5 지시사

우리말의 이, 그, 저에 해당하는 말

| ini 영this 이 | itu 영that 그, 저 |

예 A : Kamu mau beli roti ini? 너 이 빵 살거야?
B : Enggak. Aku mau beli roti itu. 아니. 나 저 빵 살거야.

* kamu 너
* mau ～하려고 하다. ～하고 싶다
* beli 사다 (격식 membeli)
* roti ini 이 빵
* enggak (비격식 부정어) 아니
* aku 나

A : Ini putri saya. (이 아이는) 제 딸입니다.
B : Oh... namamu siapa? (너) 이름이 뭐니?
C : Freya. 프레야예요.

* putri 딸
* nama 이름
* namamu = nama kamu 네 이름

문법Tip

1인칭	2인칭	3인칭
-ku	-mu	-nya
namaku 내이름	namamu 너의 이름	namanya 그(그녀)의 이름

문법

- 지시어 **ini, itu**는 주어부 제일 오른쪽에 위치한다.

$$명사 \; ✚ \; yang \; ✚ \; 수식어 \; ✚ \; ini \, / \, itu$$

피수식어　　　관형격어미기능

⤷ yang 용법 176p 참고

Orang　yang sedang makan roti itu

빵을 먹고 있는 그 사람은

▶ orang　사람
▶ sedang　～하고 있다
▷▷ orang yang + 형용사/동사　～인 사람/～하는 사람

활용 어휘　　ini 와 itu를 활용해 볼까요?

pagi ini	오늘 아침	hari ini	오늘
siang ini	오늘 낮	minggu ini	이번 주
sore ini	오늘 오후 늦게	bulan ini	이번 달
malam ini	오늘 밤	tahun ini	올해
		hari itu	그 날*
		pagi itu	그날 아침
		waktu itu	그 때, 그 시간에

6. 부정어

~가 아니다, ~하지 않다 등과 같이 명사 또는 서술어(형용사, 동사)를 부정해주는 말.

1 bukan ✛ 명사 또는 대명사   ~가 아니다

❶ bukan ✛ 명사

> 예 A : Dalam bahasa Indonesia, in meja, kan?
>
> 이거 인도네시아어로 meja메자라고 하지요?
>
> B : Bukan meja. Itu namanya kursi.
>
> meja메자가 아니에요. 그건 Kursi꾸르시라고 해요.

bukan만으로도 대답이 된답니다

* meja 테이블

* kursi 의자

* dalam bahasa Indonesia 인도네시아어로 (영 in Indonesian)

* Itu namanya ~ 그건 이름이 ~ (이다)

❷ bukan ✛ 대명사

> 예 Itu bukan saya.
>
> (성형 전 사진을 보며~) 그건 제가 아니에요.

눈이 다른데?

오랜만~

1 부가의문문으로 쓰이는 **bukan**

예 Dia pacarmu, **bukan**?

저 사람 네 여자친구 아니야? (확실히 모름)

▶ pacar 애인 (남자친구, 여자친구)
▶ pacarmu = pacar kamu 네 애인

구어에서는 ～지? 라는 의미로 **bukan**을 •••▶ **kan**으로 줄여 써요!

Dia pacarmu, kan? 저 사람 네 여자친구지?
(거의 확신하지만 다시 한번 더 확인함)

 구문편 ⇒ 의문문 – 부가의문문 169p 참고

2 부정어(구)를 부정하는 **bukan**

예 A : Kenapa kamu enggak mau ikut?

너 왜 같이 안 가?

B : **Bukan** enggak mau, badanku kurang enak.

가기 싫은 게 아니라, 몸이 좀 안 좋아.

▶ kenapa 왜
▶ ikut 함께 ～하다(영to join), 따라 가다
▶ badan 몸
▶ badanku = badan aku 내 몸
▶ kurang enak (몸이) 좀 편하지 않다

2 tidak ✚ 형용사 또는 동사 　　　　～지 않다, ～하지 않는다

❶ tidak ✚ 형용사 　　　　　　　　～하지 않다

 Saya tidak capai sama sekali.

　　저 하나도 안 피곤해요.

* capai 피곤한, 힘든
* sama sekali 전혀, 하나도 (～하지 않다)

발음Tip

capai, capek 모두 발음은 짜뻬-ㄱ 로 하며 일상에서는 capek라고 더 많이 쓴다.
두 단어 모두 **피곤하다, 힘들다** 라는 뜻으로 사전에 등재되어 있다.

❷ tidak ✚ 동사 　　　　　　　　　～ 하지 않는다

 Saya tidak berolahraga.

　　(평소 습관) 저 운동 안 해요.

* berolahraga 운동하다

3 tidak VS kurang

tidak + 형용사   그렇다에 반대되는 그렇지 않다 라는 뜻으로 이분법적인 개념

kurang + 형용사 아 동사   흠...뭔가 좀 부족하단 말이야....
기준에 미치지 못함

예 형용사

Dia tidak sopan.   그 사람은 예의가 없어요.   * sopan 예의바른

Dia kurang sopan.   그 사람은 예의가 좀 없어요.
예의 바르다고 말할 수 있는 **기준에 미치지 못함**을 가리킨다.

> kurang을 쓰면 좀 더 부드럽게 표현된다.

예

Masakan ini tidak asin.   이 요리는 짜지 않아요.

Masakan ini kurang asin.   이 요리는 간이 좀 덜 된 것 같아요 (싱거워요).
소금간을 더 해야한다는 의미
* masakan 요리
* asin (맛이) 짠
* kurang asin 싱거운

예 동사

Saya tidak tahu.   몰라요. **알다/모르다**라는 이분법적 상태를 말한다.

Saya kurang tahu.   (글쎄요) 잘 모르겠어요.   * tahu 알다
안다는 것을 100%라고 할 때,
그 수준에 미치지 못함을 가리킨다.

Saya tidak tidur semalam.   저 어젯밤에 안 잤어요.

Saya kurang tidur semalam.   저 어젯밤에 잠을 충분히 못 잤어요.   * tidur 자다
잠이 모자람.   * semalam 어젯밤

4 tidak VS belum

tidak + 동사   (평소에) ～하지 않는다
앞으로도 할 가능성이 낮음

belum + 형용사   아직 ～하지 않다 아직 ～할 정도는 아님
아 동사   아직 ～하지 않는다/않았다 미래에 할 가능성도 있음

예 동사

Saya tidak makan hari ini. Saya puasa.   저 오늘 (아무것도) 안 먹어요. 금식하거든요.

Saya belum makan pagi.   아직 아침을 안 먹었어요. (곧 먹을 생각)

* puasa 금식, 금식하다 (berpuasa)
* makan pagi 아침먹다 (=sarapan)

예 Saya tidak bisa memakai sumpit.   저는 젓가락질을 못 합니다.

Saya belum bisa memakai sumpit.   저는 젓가락질을 아직 못 합니다.
(앞으로는 할 수 있을 겁니다)

* bisa ～할 수 있다
* memakai 사용하다, 이용하다, 쓰다 (어근 pakai)
* sumpit 젓가락

Belum bisa....
아직 안 되네 -.-;

예 형용사

Saya tidak capai.   안 피곤해요.

Saya belum capai.   아직 안 피곤해요. (할 만해요).

5 Ya ⇔ Tidak 예 ⇔ 아니오

 A : Dari Korea, ya?   한국에서 오셨죠?

B : Ya.   네.

> 의문문에서 ya는 확인을 하려는 의도로 사용한다.
> ya(긍정의 대답)는 구어에서 iya라고도 한다.

* dari ~로부터(영 from)
* Korea 한국

 A : Besok tidak bekerja?   내일 일 안 하세요?

B : Tidak.   안 해요.

> enggak 아니오
> tidak과 같은 뜻이나, 비격식 언어환경에서 사용된다.

* bekerja 일하다
* besok 내일

A : Besok kamu enggak ke sekolah?   너 내일 학교 안 가?

B : Enggak.   안 가.

* ke sekolah 학교에 (가다)

기본편 7

시제

인도네시아어에서는 **시제 부사**를 동사 앞에 두어 **시제**를 표현 한다.
단, 과거라고 해서 무조건 sudah를 붙이지 않는다. 이 점에 유의하자!

sudah	이미/벌써 다~ 하다	mau	~하려고 하다
belum	아직 ~하지 않다	baru	이제 막 ~ 했다, 막 ~ 하려던 참이다
sedang	~하고 있다	masih	여전히 ~하다

1 sudah ⟺ belum 이미, 벌써 (다)~ 하다 ⟺ 아직 ~하지 않다

A : Kamu sudah mandi, belum?　　샤워 했어. 아직 안했어?

B : Sudah.　　　　　　　　　　　햤어.
　　Belum.　　　　　　　　　　　아직 안 했어.

* mandi 샤워하다

A : Kamu sudah nonton Perahu Kertas, belum?　너 Perahu Kertas 봤어?

B : Belum. Tapi, adikku sudah nonton, katanya.
　　난 아직 못 봤어. 근데, 내 동생은 (벌써,이미)봤다고 하더라.

Perahu Kertas 영화 '종이배'

* nonton 보다 (menontn 어근 tonton) (영 watch)
구어에서 주로 me-를 빼고 nonton이라고 한다
🐑 접사편 75p 참고
* tapi = tetapi 하지만
* adik 동생
* adikku = adik aku 내 동생
* katanya ~라고 하더라, ~하대, ~래
* kata (영 word) 말, 단어

예 A : Hari Minggu kemarin ke mana?   지난 일요일에 어디 갔었어요?

B : Saya nonton film di bioskop. (o)   극장에서 영화봤어요.

      Saya sudah nonton film di bioskop. (x)

* hari Minggu 일요일
* hari Minggu kemarin 지난 일요일
* ke (방향)~로, ~에
* ke mana 어디에 (가다)
* film 영화
* di (위치) ~에
* bioskop 영화관

문법Tip

(예를 들어 대화주제로 나온 영화에 대해) 이미 봤다는 의미로 대답할 때 **sudah**를 쓴다.

Saya sudah nonton film itu. 저 그 영화 봤어요.

인도네시아 문화   Ada enggak? 있어요 없어요?

Ada enggak?   있어요 없어요?

인도네시아인들은 긍정과 부정을 함께 사용하는 언어관습을 갖고 있다.

Besok kamu ada waktu, enggak?
내일 너 시간 있어, 없어?

* besok 내일
* ada 있다
* waktu 시간

* ada waktu 시간이 있다 (↔ enggak ada waktu 시간이 없다)

인도네시아에서는 아침과 해질녘쯤 샤워했냐는 질문은 친한 사람끼리 관심과 친근함을 표현하기 위한 것이다.

Kamu sudah mandi, belum?
너 샤워했어?

* mandi 샤워하다

심화 sudah의 사용

★ 미래에 완료될 법한 일을 현재 시점에서 말할 때도 **sudah**를 쓸 수 있다.

예 Ibu : Kalau kamu **sudah** selesai makan, taruh piringmu di sana.
엄마　다 먹으면, 네 접시를 저기에 놓거라.

Anak : Ya, ma.
아이　네. 엄마

▶ kalau ～하면
▶ taruh 놓다. 두다
▶ piring 접시
▶ piringmu = pirng kamu 네 접시
▶ di sana 저기에
▶ ma = mama 엄마

예 A : Kira-kira jam 1, dia **sudah** sampai belum, ya?
1시쯤이면 도착할까요?

B : Kalau jam 1, mungkin **sudah** sampai.
1시면 아마 도착하지 싶은데요.

▶ kira-kira 대략, ～쯤
▶ jam 1 [satu] 한 시
▶ sampai ～에 다다르다. 도착하다
▶ mungkin 아마

2 sedang ≡ lagi   ~하고 있다

예 A : Sedang apa?   뭐 하고 있어요?

    B : Saya sedang nonton film.   영화보고 있어요.

* sedang ~하고 있다
* apa 무엇
* nonton (영화를) 보다 [비격식 구어]
([어근]tonton [격식]menonton)
* film 영화

예 A : Kok, suaramu kecil sekali?   목소리가 왜 이렇게 작아?

    B : Aku lagi di bioskop.   지금 영화관이야.

* suara 목소리, 소리
* suaramu =suara kamu 네 목소리
* kecil 작은
* sekali (형용사 뒤에서) 아주
* di ~에
* bioskop 영화관

단어 밑줄 쫙!

문두에 오는 **kok**   **Kok enggak ada orang?**   어? 왜 아무도 없지?

(이 때 쯤이면 다들 와 있어야 하는데 아무도 없어 의아함이나 의문을 표시)

문미에 오는 **kok**   A : Maaf...... 미안..

                   A : Enggak apa-apa, **kok.** 괜찮아

(난 정말 괜찮은데 상대방이 너무 미안해 하니 "난 괜찮은데?" 라는 의미로)

3 mau　　　　　　　　　　　　　　～하려고 하다, ～하고 싶다

A : Kamu mau ke mana sekarang?　　　너 어디가 지금?

B : Mau pulang.　　　　　　　　　　　집에 가려고.

> * sekarang 지금
> * pulang 돌아가다, 돌아오다

A : Mau minum apa, Pak?　　　　　　마시는 건 뭘로 하시겠어요?

B : Saya mau es teh.　　　　　　　　차가운 차로 할게요.

> * minum 마시다
> * es 얼음
> * teh 차茶

A : Mau makan, enggak?　　　　　　밥 먹을 거야 (안 먹을 거야)?

B : Enggak mau. Enggak (ada) nafsu makan.　안 먹을래. 식욕이 없어.

> * makan 먹다
> * ada 있다
> * enggak ada **informal** = tidak ada **formal** 없다
> * nafsu makan 식욕

4 baru　이제 막 ～했다(방금～를 마침), 이제 막 ～하려고 하다

A : Mbak Dewi ada, enggak?　　　　데위 씨 있어요?

B : Baru pergi. = Barusan pergi.　　방금 나갔어요.

> * ada 있다
> * pergi 가다

단어 밑줄 쫙!

barusan
이제 막 ～, 방금
오래되지 않음

barusan은 **baru saja** 이제 막～, 방금 , **belum lama** 오래되지 않음 와 같은 의미로 일상회화에서 많이 쓰는 단어이다.

baru mau : 이제 막 ~ 하려고 하다 (아직 시작하지 않은 상태)

 A : Kamu sudah makan, belum?

밥 먹었어?

B : **Baru mau** makan.

이제 막 먹으려고.

baru는 말하는 시점과 가까운 전후 시간을 다 포함한다

예 A : Lagi apa? 뭐 해?

B : Baru makan. 이제 막 먹고 있는 중이야. (아래 두 뜻을 포함하기도 함)

Baru **mau** makan. 이제 막 먹으려고. (아직 안 먹음)

Baru **habis** makan. 이제 막 밥 먹었어. (방금 다 먹음)

▶ lagi + 동사 ~하는 중이다

▶ apa 무엇

▶ makan 먹다

▶ habis + 동사 [비격식 구어] ~하는 것을 마치다

5 masih   여전히~하다, 아직(도) ~하고 있다

Saya masih tinggal di Amerika.   저는 미국에 아직 살고 있어요.

* tinggal 살다
* di (위치) ~에
* Amerika 미국

A : Bapak masih di kantor?   (밖에서 전화함) 아직 사무실에 계세요?

B : Masih. Kenapa?   아직 사무실인데, 왜?

* di ~에
* kantor 사무실

> Saya (pergi) ke rumah teman. 친구집에 갔었어요.
> pergi 가다를 써도 되지만 굳이 붙이지 않아도 전치사 ke 만으로도 충분하다.
> ke에 이동의 의미가 포함되어 있어 (pergi를 쓰지 않는 것이) 더 자연스럽다.

selesai ✚ 동사   ~를 다 끝내다, ~를 다 하다

A : Kamu sudah selesai kerja, belum?   일 다 마쳤어?

B : Belum.   아직 (다 못했어).

(몇 시간 뒤)

A : Masih belum selesai kerja?   아직도 일 다 안 끝났어?

B : Masih belum.   아직도 안 끝났어.

* selesai + 동사 ~를 다 끝내다, ~를 다 하다
* kerja 일하다(bekerja)

6 telah [문어체, 격식]   이미, 벌써 ~했다

Presiden Susilo Bambang Yudhoyono telah tiba di Korea Selatan.
SBY[에스-베-예] 대통령이 한국에 도착했습니다.

* presiden 대통령
* tiba 도착하다(공식석상에 어울리는 단어)
* di ~에
* Korea Selatan 남한(⇔ Korea Utara 북한)

7 akan   ~ 할 것이다, ~할 예정이다 (예정, 확정된 일에 대해)

Perusahaan itu akan membuka cabang di Surabaya.
그 회사는 수라바야에 지점을 열 것이다.

* perusahaan 회사
* membuka 열다
* cabang 지점
* Surabaya 수라바야(인도네시아 제 2의 도시)

Minggu depan akan ada rapat.
다음 주에 회의가 있을 거예요.

* minggu depan 다음 주
* ada 있다
* rapat 회의

pusing ....
아이구 골치야....

•kemarin 지난번에, 어제	•hari ini 오늘	•besok 내일, 훗날
•minggu kemarin 지난주 = minggu lalu	•minggu ini 이번주	•minggu depan 다음주
•bulan kemarin 지난 달 = bulan lalu	•bulan ini 이번 달	•bulan depan 다음 달
•tahun kemarin 작년 = tahun lalu	•tahun ini 올해	•tahun depan 내년
•semalam 어젯밤 = tadi malam	•malam ini 오늘 밤	•besok malam 내일 밤
•tadi 아까	•sekarang 지금 •barusan 방금	•nanti 나중에
•malam minggu 토요일밤, 주말 (일요일로 가는 밤)	•akhir minggu 주말	
•setiap hari 매일 •setiap bulan 매달	•setiap minggu 매주 •setiap tahun 매년	•setiap kali 매번
•tanggal merah 휴일(빨간날) •(hari) libur 휴일	•hari raya 명절	

49

시간의 앞뒤 정황은 이렇게 표현해요!

시간/기간 ✛ yang lalu   ~ 전에

예► 2 hari yang lalu   이틀 전에
2 bulan yang lalu   2달 전에

* hari (영day)
* 2 [dua] hari 이틀
* 2 [dua] bulan 두달
* lalu 지난

시간/기간 ✛ lagi   ~후에(는), ~후면

예► A : Rapat kita kapan dimulai?   우리 회의 언제 하지?
B : 10 menit lagi.   10분만 더 있으면 돼. (10분 후면 시작이야)

* rapat 회의
* kapan 언제
* dimulai 시작되다
* 10 [sepuluh] menit 10분
* lagi (문미) 더~, 다시, 또, 더 이상

시간/기간 ✛ mendatang / yang akan datang   다가오는, 오는

예► Film itu akan ditayangkan di bioskop pada bulan Juli mendatang.
그 영화는 오는 7월에 극장에서 상영될 겁니다.

단어 밑줄 짝! 빈도부사

| **selalu** | Jakarta **selalu** macet. | 자카르타는 항상 길이 막혀요. |
| 항상 | | * macet 길이 막히는 |

| **sering sekali** | Saya **sering sekali** begadang. | 저는 정말 자주 밤을 새요. |
| 아주 자주 | | * begadang 밤을 새다 |

sering	Saya **sering** bolos kuliah.	저는 수업을 자주 빼 먹어요.
자주		* bolos 결석하다
		* kuliah 대학 수업

kadang-kadang	Saya **kadang-kadang** tidur siang.	저는 가끔 낮잠을 자요.
가끔		* tidur 자다
		* siang 낮
		* tidur siang 낮잠 자다

| **jarang** | Saya **jarang** berolahraga. | 저는 운동을 거의 안 해요. |
| 거의~하지 않다 | | * berolahraga 운동하다 |

jarang sekali	Saya **jarang sekali** minum obat flu.	저는 감기약을 먹는 일이 거의 없어요.
그러는 일이 거의 없다		* minum 마시다
jarang 보다 더		* obat 약
빈도수가 낮음		* flu 감기

8 조동사

동사 앞에서 **동사 혼자 나타낼 수 없는 의미**를 보태준다.

---

1 bisa ~할 수 있다

A : Anda bisa (ber)bahasa Indonesia? 인도네시아어를 할 수 있습니까?

B : Bisa, tapi belum lancar. 할 수 있긴 한데 아직 유창하진 않습니다.

* berbahasa Indonesia 인도네시아어를 하다
* bahasa Indonesia 인도네시아어
* tapi (tetapi) 하지만, 그런데
* lancar (언어가) 유창한

tidak bisa ＋ 동사 ~할 수 없다

Saya tidak bisa masak. 저는 요리를 못해요.

* masak 요리하다 (격식 memasak)

2 dapat [문어, 격식구어]   ~할 수 있다

예 Kurang tidur dapat membuat berat badan naik.

수면이 부족하면 몸무게가 늘 수 있습니다.

(직역 : 잠이 부족한 것은 몸무게를 증가하게 만든다.)

이렇게 잠을 못자면
곧 뚱뚱이가 될거야 ㅠ.ㅠ

* kurang tidur 잠이 부족하다
* membuat 만들다 (영 to make)
* berat badan 몸무게
* naik 오르다

tidak dapat ➕ 동사   ~할 수 없다

예 Bisnis itu gagal karena tidak dapat memuaskan para konsumen.

그 사업은 소비자들을 만족시킬 수 없었기 때문에 실패했다.

* bisnis 사업
* gagal 실패하다
* karena ~때문에
* memuaskan ~을 만족시키다 (puas)
* para ~들
* konsumen 소비자

3 ingin [문어, 격식구어]   ~하고 싶다

📝 Presiden direktur kami

ingin mengunjungi pabrik (pada) minggu depan.

저희 사장님께서 다음 주에 공장을 방문하고 싶어하십니다.

> * presiden direktur 사장
> * mengunjungi ~를 방문하다 (어근 kunjung)
> * pabrik 공장
> * pada (시간, 장소 전치사) ~에 (비격식 구어체에서 흔히 생략된다)
> * minggu depan 다음 주

tidak ingin + 동사   ~하고 싶지 않다,
~를 원하지 않는다

📝 Mereka tidak ingin bekerja di sini.

그 사람들은 여기서 일하고 싶어하지 않습니다.

> * bekerja di ~에서 일하다

단어 밑줄 쫙!

ingin 대신 pengin   일상구어에서 **ingin** 의 뜻으로 **pengin** 을 사용한다.

A : Kamu pengin makan apa?   너 뭐 먹고 싶어?

B : Maaf, aku enggak pengin makan sekarang. Belum lapar.

미안, 지금은 별로 먹고 싶은 마음이 없는데. 아직 배고 안 고파.

배 안고파요...

> * makan 먹다
> * apa 무엇
> * sekarang 지금
> * belum 아직~지 않다
> * lapar 배고프다

4 harus ～해야 한다

 A : Makan yuk!　　　　　　　　　　　　밥 먹자!

B : Enggak ah! Aku harus diet.　　　아, 싫어! 나 다이어트 해야 돼.

> * makan 먹다
> * diet 다이어트(하다)
> * yuk (청유) ～하자!

> **ah!** 는 실망이나 유감, 놀람, 동의하지 않거나 불만을 표시할 때 쓰는 감탄사
> *Mandi ah!* 종일 텔레비전을 보다가 지겨워서 일어나면서 에잇, 샤워해야겠다!
> 싫은데 소개팅을 자꾸 해주겠다는 친구에게 *Enggah ah!* 싫어!싫다고!
> *Ah! Jangan marah dulu.* 아, 화부터 내지 말고 좀.

 A : Kalau mau cepat lulus, harus rajin belajar. 빨리 졸업 하려면 공부 열심히 해야 돼.

B : Ya. Harus.　　　　　　　　　　　그래. 열심히 해야지.

> * kalau (형 if) ～라면
> * cepat 빨리
> * lulus 졸업하다
> * belajar 공부하다
> * rajin belajar 열심히 공부하다

> 대화 맥락에서 의미를 알 수 있을 때는 본동사를 생략하고 조동사로만 표현
> 할 수 있다.(다른 조동사들도 마찬가지이다)

tidak harus ✛ 동사 꼭 ～해야 하는 것은 아니다

 Tidak harus bangun pagi-pagi.

아침 일찍 안 일어나도 돼요.

> * bangun 일어나다
> * pagi-pagi 아침 일찍

5 perlu   ~할 필요가 있다

Pasien : Dok, sepertinya saya kecapaian.   의사 선생님, 제가 과로를 했나 봅니다.
환자

Dokter : Ya, Bapak perlu (ber)istirahat.   네, 좀 쉬셔야 합니다.
의사

* dok 의사(dokter)를 부를 때 줄여서 쓰는 말
* sepertinya ~인 것 같다
* kecapaian 과로하다
* beristirahat 쉬다

tidak perlu + 동사   ~ 할 필요가 없다
(필요성이 전혀 없음)

Anda tidak perlu membeli tiket masuk karena konser itu gratis.
그 콘서트는 무료이므로 입장권을 살 필요가 없습니다.

* membeli (물건을)사다
* tiket masuk 입장권
* karena ~때문에
* konser 콘서트
* gratis 무료인

tidak usah (formal) = enggak usah (informal)

안 그러셔도 돼요~ (굳이 고생하지 않아도 됨)

Kamu mau minum apa?   뭐 마실래?

Tidak usah repot-repot, Pak.   번거롭게 안 그러셔도 돼요.

* minum 마시다
* repot 번거로운
* tidak usah repot-repot 번거롭게 이것 저것 하지 않아도 된다

6 pernah　　　　　　　　　　　　　　～해 본 적이 있다

  Pernah makan gudeg?

구득 드셔 보셨어요?

 Belum pernah.

아직 먹어본 적이 없어요.
(앞으로는 먹어 볼 가능성이 있음)

＊makan　먹다
＊gudeg　구득(인도네시아 족자카르타 토속 음식)

gudeg 구득

tidak pernah ＋ 동사　～ 해 본 적이 없다
　　　　　　　　　　　　　　　(앞으로도 ～할 가능성의 거의 없다)

Saya tidak pernah bohong.　　　거짓말 한 적 없어요.

belum pernah ＋ 동사　아직 ～ 해 본 적이 없다
　　　　　　　　　　　　　　　(앞으로는 그럴 가능성이 있음)

Saya belum pernah ke Papua.　파푸아에 가 본 적 없어요.
　　　　　　　　　　　　　　　(앞으로 갈 일이 있을 수도 있어요)

7   boleh ～해도 된다(허락) ✚ tidak boleh ～하면 안 된다(불허)

 Kamu boleh pergi kalau sudah selesai mengerjakan tugasmu.

네 숙제 다 하면 나가 놀아도 돼.

 Tapi, mau main sekarang...   지금 놀고 싶은데...

 Tidak boleh.   안돼.

* pergi 가다
* kalau ～이(라)면, ～하면
* selesai 끝내다
* mengerjakan tugas 숙제를 하다
* tugasmu = tugas + kamu 네 숙제, 해야 할 일

어딜 가~~~

단어 밑줄 쫙!   bisa, mampu, sanggup 의 차이

bisa	～할 수 있다 (가장 일반적으로 쓰인다)
～할 수 있다	**A : Kamu bisa masak apa?** 너 무슨 요리 할 수 있어?
	B : Aku enggak bisa masak 나 요리 못 해.

* masak 요리하다

A : Bisa jemput saya jam 4 sore nanti?   이따 4시에 나 데리러 올 수 있어?

B : Bisa. Saya ke sana sebelum jam 4.   네. 4시 전에 거기로 갈게요.

* jemput (차로) 마중나가다, 데리러 가다/오다
* jam (시간 앞) ～시
* jam 4[empat] 4시
* sore (오후 3시이후~해질무렵) 늦은 오후
* nanti 나중에
* ke (방향) ～로, ～에
* sana 거기
* sebelum ～전에

mampu

**능력이 되다,
할 수 있다**

(경제적인, 기술적인) 능력이 되다, 할 수 있다

Anak : Pak, saya mau belajar di Amerika. Boleh, enggak, Pak?
아이   아버지, 저 미국에서 공부하고 싶은데요. 그래도 돼요?

Ayah : Boleh. Tapi, kamu cari beasiswa sendiri, ya.
아빠   그럼 (되고 말고). 근데, 너 장학금 혼자 찾아서 해, 알았지.

        Bapak enggak mampu menyekolahkan kamu di Amerika.
        아버지는 너 미국에서 학교 시킬 능력이 안 돼.

* belajar 공부하다
* tapi(= tetapi) 하지만, 그런데
* cari 찾다 (격식 = mencari)
* beasiswa 장학금
* sendiri 혼자
* menyekolahkan + 사람 ~를 (학교)교육을 시키다
* bapak 아버지 (=ayah)
* sebelum ~전에

sanggup

**(마음, 의지) ~할 수 있다,
~할 힘이 있다**

(마음, 의지) ~할 수 있다, ~할 힘이 있다

Kamu kan sudah sering ketahuan selingkuh.
Sampai kapan aku harus maafin kamu?
Aku sudah enggak sanggup lagi.
Mendingan kita putus saja.

너 그 동안 바람 피우는 거 자주 걸렸잖아.
언제까지 내가 너를 용서해야 돼?
나 더 이상 안 되겠어.
우리 그냥 헤어지는 게 좋을 것 같아.

* kan (주어 뒤에서) ~ 잖아 (평서문)
* ketahuan 들키다
* selingkuh (=berselingkuh) 바람 피우다
* (me)maafkan 용서하다 (구어 maafin 어근 maaf)
* mendingan ~하는 게 낫다 구어
* putus 헤어지다

0	nol, kosong	11	se**belas**
1	satu	12	dua **belas**
2	dua	13	tiga **belas**
3	tiga	14	empat **belas**
4	empat	15	lima **belas**
5	lima	16	enam **belas**
6	enam	17	tujuh **belas**
7	tujuh	18	delapan **belas**
8	delapan	19	sembilan **belas**
9	sembilan	20	dua **puluh**
10	se**puluh**	30	tiga **puluh**
		40	empat **puluh**
		50	lima **puluh**
		60	enam **puluh**
		70	tujuh **puluh**
		80	delapan **puluh**
		90	sembilan **puluh**

21	dua puluh satu	1.000	seribu
22	dua puluh dua	2.000	dua **ribu**
23	dua puluh tiga	3.000	tiga **ribu**
24	dua puluh empat	10.000	sepuluh **ribu**
25	dua puluh lima	20.000	dua puluh **ribu**
26	dua puluh enam	30.000	tiga puluh **ribu**
27	dua puluh tujuh	100.000	seratus **ribu**
28	dua puluh delapan	200.000	dua ratus **ribu**
29	dua puluh sembilan	300.000	tiga ratus **ribu**
100	seratus	1.000.000	satu **juta** / se**juta**
200	dua **ratus**	2.000.000	dua **juta**
300	tiga **ratus**	10.000.000	sepuluh **juta**
		20.000.000	dua puluh **juta**
		100.000.000	seratus **juta**
		200.000.000	dua ratus **juta**
		1.000.000.000	satu miliar
		2.000.000.000	dua miliar
		1.000.000.000.000	satu triliun

숫자읽기

235 dua ratus tiga puluh lima

478,000 empat ratus tujuh puluh delapan ribu

1,500,000 satu juta lima ratus ribu 또는 1,5 juta [satu koma lima juta]

서수

1 (yang) pertama 첫 째

2 (yang) kedua 둘 째

3 (yang) ketiga 셋 째

⋮

49 (yang) keempat puluh sembilan
49번째

예 **Hari pertama masuk kantor**
첫 출근날

▶hari pertama 첫 날
▶masuk 들어 가다, 들어 오다
▶kantor 사무실
▶masuk kantor 출근하다 = masuk kerja

분수

hari pertama 첫날

$\frac{1}{2}$ setengah

$\frac{2}{3}$ dua **per**tiga

$\frac{1}{3}$ se**per**tiga

$\frac{3}{4}$ tiga **per**empat

$\frac{1}{4}$ se**per**empat

'하나' 라는 뜻의 접두사 se-옆에는 per를 붙여 쓰고
그 외 분수는 띄어 쓴다
se pertiga (x)   sepertiga (o)
duapertiga (x)   dua pertiga (o)

소수

2,75   dua **koma** tujuh lima

0,9   nol **koma** sembilan

꼬마 (o) 꼼마 (x)

기호

2 + 3 = 5   dua **tambah** tiga **sama dengan** lima

7 − 4 = 3   tujuh **kurang** empat **sama dengan** tiga

3 × 8 = 24   tiga **kali** delapan **sama dengan** dua puluh empat

100 ÷ 5 = 20   seratus **bagi** lima **sama dengan** dua puluh

%   persen

100 %   seratus persen

+   tambah 문어 ditambah

−   kurang 문어 dikurangi

×   kali   문어 dikali

÷   bagi   문어 dibagi

=   sama dengan

덧셈, 뺄셈은
+(plus), −(minus)로
쓰기도 한다.

63

심화

숫자활용하기

Hari ini **tanggal berapa**? = Tanggal berapa hari ini?
오늘 며칠이에요?

20 Maret.   3월 20일이에요.

▶ hari ini 오늘
▶ dua puluh 20

Tahun ini **tahun berapa**, ya?   올해가 몇 년도지?

Tahun 2015.   2015년이요.

▶ tahun ini 올해
▶ dua ribu lima belas 2015

Hari ini **hari apa**? = hari apa hari ini?
오늘 무슨 요일이야?

(Hari) Selasa. 화요일이야.

▶ hari ini 오늘

Kamu lahir **tahun berapa**? (= kamu kelahiran tahun berapa?)
너 몇 년 도에 태어났어?

Aku lahir tahun (19)85.(= aku kelahiran tahun 85.)
85년도에 태어났어. = 85년도 생이야.

▶ lahir 태어나다
▶ tahun berapa 몇 년도
▶ kelahiran 출생
▶ seribu sembilan ratus delapan puluh lima 1985
▶ delapan puluh lima 85

Sudah **berapa tahun** (tinggal) di Indonesia?
인도네시아에 사신 지 몇 년 되셨어요?

Sudah 10 tahun. (벌써) 10년이 됐네요.

▶ berapa tahun 몇 년
▶ tinggal 살다
▶ di Indonesia 인도네시아에(서)

요일

hari Minggu	일요일
hari Senin	월요일
hari Selasa	화요일
hari Rabu	수요일
hari Kamis	목요일
hari Jumat	금요일
hari Sabtu	토요일

월 bulan

Januari	1월	Juli	7월
Februari	2월	Agustus	8월
Maret	3월	September	9월
April	4월	Oktober	10월
Mei	5월	November	11월
Juni	6월	Desember	12월

시간 묻기

Jam berapa sekarang? 지금 몇 시예요?

jam empat (lewat) tiga puluh **menit** = setengah lima

4시 30분

4시 반(더 많이 사용)

▶ lewat 지난 (시간을 얘기할 때 주로 생략한다)

▶ setengah 2분의 1

▶ setengah lima 4시 반
(5시로 가는 길의 반 정도 도달)

Jam 11 **kurang** 10 menit

11시 10분 전 (10:50)

▶ kurang ～이 모자란

Jam tiga lima belas (menit) = Jam tiga **seperempat**

3시 15분

▶ seperempat 1/4, 15분

CHAPTER 3
접사편

접사는

1 어근의 앞, 뒤, 가운데 등에 붙어 문법적인 의미를 더한다.

2 접사의 형태로 품사를 알 수 있으며, 어근의 어휘적 의미만 알면 전체 단어의 뜻을 유추할 수 있다.

3 이 책에서 공부할 접사의 종류

1. 접두사 : 어근 앞에 오는 접사   접사 + 어근

2. 접미사 : 어근 뒤에 오는 접사   어근 + 접사

3. 접환사 : 어근 앞·뒤에 오는 접사   접사 + 어근 + 접사

  * **어근** 낱말을 이루는 중심 부분으로, 실질적인 의미를 갖고 있다.

인도네시아어에서 접사의 중요성

① 일상적인 생활 회화 시에는 동사 어근을 아는 것으로 충분하다.

② 접사의 형태와 문법적 의미를 알면 어휘학습에 도움이 된다.

③ 일상구어에서 생략 가능한 접두사도 있지만, 비즈니스 대화·세미나·프레젠테이션 등 공식적인 언어환경에서는 사용하는 것이 문법적으로 바람직하다.

접두사 ber-

ber- + 어근 = 동사 (예외有)

뜻은 뒤에 오는 어근의 어휘적 의미와 관련이 있다.
접두사 ber- 의 문법적 의미를 따로 떼어내어 암기하기 보다는
단어가 나올 때마다 전체 의미를 기억하는 것이 좋다.

ber- + 어근의 의미

	어근	뜻
ber	가질 수 있는 것	~을 갖고 있다
	이용할 수 있는 것	~을 이용하다
	할 수 있는 것	~을 하다
	시간	~을 보내다
	감정	~한 감정을 느끼다
	숫자	**berdua** 둘이서, **bertiga** 셋이서

ber- **+**	tetangga	ⓝ 이웃		bertetangga	**=**	ⓥ 이웃이 있다, (~와) 이웃하다
	jalan	ⓝ 길 ⓥ 걷다		berjalan		ⓥ 걷다
	olahraga	ⓝ 운동		berolahraga		ⓥ 운동하다
	libur	ⓥ 휴가를 보내다		berlibur		ⓥ 휴가를 보내다
	gembira	ⓐ 즐거운		bergembira		ⓥ 기뻐하다 (문어체)
	dua	ⓝ 둘, 2		berdua		둘이서

구어에서 ber-를 생략하여 말할 수 있을 경우 (ber)로 표시하였다.

어근의 품사에 상관없이 그 어휘적 의미가 **동작**과 관련된 경우, 비격식 구어에서 접두사 ber-를 생략하여 말할 수 있다.

1 **bertetangga**   이웃이 있다, (~와) 이웃하다

Indonesia bertetangga dengan Malaysia, Singapura, dan Australia.

인도네시아는 말레이시아, 싱가포르, 호주와 이웃이다.

* dengan ~와 (영 with)

2 **(ber)jalan**   걷다

Saya senang (ber)jalan kaki.

저는 걷는 걸 좋아해요.

* berjalan kaki 걷다
* kaki 다리, 발
* senang 즐거운
* senang + 동사 ~ 하는 걸 즐기다, 좋아하다

3 (ber)olahraga 운동하다

Saya (ber)olahraga setiap hari Minggu

저는 일요일마다 운동합니다.

* setiap hari 매일
* hari Minggu 일요일

4 (ber)libur 휴가를 보내다

Mau (ber)libur ke mana?

휴가를 어디가서 보내실 건가요?

* mau ～하려고 하다
* ke mana 어디로, 어디에

5 (ber)gembira 기뻐하다 [문어체]

Ketika mendengar kabar anaknya, dia sangat (ber)gembira.

자기 아이의 소식을 들었을 때 그 사람은 아주 기뻐했다.

* ketika ～할 때
* mendengar 듣다
* kabar 소식
* anak 아이

6 berdua 둘이서

Kami berdua dari Semarang.

저희 둘은 스마랑에서 왔습니다.

* dua 둘
* dari ～로 부터,～에서 (영 from)

접두사 **ber-**의 이형태(異形態) **ber-, be-, bel-**

1 어근의 첫 글자가 r이거나 첫 음절이 er로 끝나는 경우 **be-**

예 ber- + renang = **be**renang
　　　　수영　　　　　　수영하다

　　ber- + kerja = **be**kerja
　　　　일　　　　　　일하다

2 어근의 첫 글자가 ajar인 경우 **bel-**

예 ber- + ajar = **bel**ajar
　　　　가르침　　　　　공부하다, 배우다

3 나머지 어근은 **ber-**와 결합한다.

접두사 meN-

meN- + 어근 = 동사

어근(사전표제어)의 첫 자(음운)에 따라 결합하는 접두사가 다르다.

> 접두사 meN-에서 N은
> mem-, men- ,menye-, meng-, menge-, me-와 같이
> 변하는 부분을 의미한다.

미리보기

① **mem- +** **b, p, f, v** 로 시작하는 어근

② **men- +** **d, j, t, c** 로 시작하는 어근

③ **meny- +** **s** 로 시작하는 어근

④ **meng- +** **a, e, i, o, u, g, h, k, kh** 로 시작하는 어근

⑤ **menge- +** 1 음절로 된 어근

⑥ **me- +** 나머지 **r, l, m, ny** 등으로 시작하는 어근

2-1 mem- + b, p, f, v 로 시작하는 어근

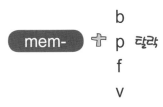

mem- ✚ b
p 탈락
f
v

어근	meN- 동사	예문
baca **v** 읽다	membaca 읽다	**격식** Saya suka membaca buku. 저는 책 읽는 것을 좋아합니다. * saya (1인칭) 저, 나 * buku 책 **비격식** Saya suka baca buku. 저는 책 읽는 것을 좋아해요.
panggil **v** 부르다	memanggil 부르다 **p 탈락**	**격식** Saya sudah memanggil taksi. 저는 택시를 불렀습니다. * sudah (시제부사) 이미, 벌써 * taksi 택시 **비격식** Saya sudah panggil taksi. 택시 불렀어요. ☰ Saya sudah *manggil* taksi. *생생구어* memanggil 에서 me-를 생략
fokus **n** 집중	memfokuskan ~에 집중하다	**격식** Para pelajar memfokuskan diri pada pelajaran. 학생들이 학과목(공부)에 집중하고 있습니다. <div align="right">* para ~들 * pelajar 학생 * diri 자기 자신</div><div align="right">* pada (대상.시간)~에 * pelajaran (초등~고교) 학과목</div><div align="right">* memfokuskan diri pada ~에 집중하다</div><div align="right">🐵 접사편 **접환사** 90p me-kan의미 참고</div>

| visual | memvisualkan | 경시 Pengarang itu memvisualkan karakter pahlawan di karyanya. |

visual
ⓐ 눈으로 볼 수 있는

memvisualkan
시각화하다

경시 Pengarang itu memvisualkan karakter pahlawan di karyanya.

그 작가는 자신의 작품에 영웅 캐릭터를 시각화하여 설명했습니다.

* pengarang 작가
* karakter 캐릭터
* pahlawan 영웅
* di (위치)~에
* karya 작품

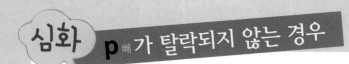
심화 **p[삐]가 탈락되지 않는 경우**

어근이 **p[삐]로 시작하는 외래어일 때**

produksi ⇒ **memproduksi**
생산   생산하다

예 Perusahaan itu **memproduksi** barang-barang elektronik.

그 회사는 전자제품을 생산한다.

비교적 오래 전에 차용되어 쓰인 경우
일반적인 규칙 적용 가능

▶ memproduksi 생산하다
▶ barang 물건
▶ barang-barang 물건들
▶ barang-barang elektronik 전자제품

men- +
d
j
t 탈락
c

어근	meN- 동사	예문
dorong ⓥ (앞으로) 밀다	mendorong (앞으로)밀다	경식 Dia mendorong pintu itu. 그 사람은 그 문을 열었습니다. * pintu 문 비격식 Dia dorong pintu itu. 그 사람은 그 문을 열었어요.
jemput ⓥ 데리러 가다, 오다	menjemput 데리러 가다, 오다 영 to pick up	경식 Kami akan menjemput tamu dari Korea. 저희는 한국에서 오시는 손님을 모시러 갈 겁니다. * kami 저희(청자 제외) * akan ~을 할 것이다 * tamu 손님 * dari ~에서 (영 from) 비격식 Kami akan jemput tamu dari Korea. 저희는 한국에서 오시는 손님을 모시러 갈 거예요.

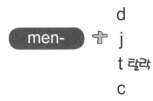

tunggu Ⓥ 기다리다	**menunggu** 기다리다 **ε 탈락**	경어 Kami akan menunggu jawaban Anda. 당신의 회신을 기다리겠습니다. * kami 저희(청자 제외) * jawaban 회신, 답장 * Anda (2인칭) 당신 🐵 기본편 호칭 24p 참고 비격식 A : Kamu lagi apa? 뭐 하고 있어? B : Tunggu teman. 친구 기다려. ≡ *Nunggu* teman. 생생구어 menunggu에서 me-를 생략 * lagi + 동사 ～하는 중이다 * apa 무엇 * teman 친구
cari Ⓥ 찾다	**mencari** 찾다	경어 Wawan sedang mencari kartu namanya. 와완은 자기 명함(his name card)을 찾고 있습니다. 🐵 접사편 –nya 131p 참고 * sedang + 동사 ～하고 있다 * kartu nama 명함 (영 name card) 비격식 Wawan sedang cari kartu namanya. 와완은 자기 명함(his name card)을 찾고 있어요. ≡Wawan sedang *nyari* kartu namanya. 생생구어 cuci 씻다 경어 mencuci cuci baju 빨래 하다 = nyuci baju 비격식 curi 훔치다 경어 mencuri curi uang 돈을 훔치다 = nyuri uang 비격식

어근이 t 떼(tr-)로 시작하는 외래어일 때

transfer uang
송금하다

⇨ **mentransfer uang**
송금하다

(예) Kami akan **mentransfer uang** kepada mereka.
우리는 그 사람들에게 돈을 송금할 것입니다.

▶kami 우리 (청자 제외)
▶uang 돈
▶kepada ~에게

transmisi
전송

⇨ **mentransmisikan data**
데이터를 전송하다

(예) Mereka mencoba **mentransmisikan** data pada waktu yang sama.
그 사람들은 동시에 데이터 전송을 시도했습니다.

▶mencoba ~를 시도하다 (영 to try)
▶pada waktu yang sama 같은 시간에, 동시에
▶waktu 시간
▶sama 같다

meny- ✚ s 탈락

어근	meN- 동사	예문
sewa ⓝ 임차	menyewa 임차하다 **S 탈락** ⓔ to rent	격식 Perusahan kami berencana menyewa gedung di daerah Kuningan. 저희 회사는 꾸닝안 지역에 건물을 임차할 계획을 갖고 있습니다. * perusahaan 회사 * rencana 계획 * berencana 계획을 갖고 있다 * gedung 건물 * daerah 지역 * Kuningan 자카르타에 있는 지역 이름 비격식 Saya mau sewa apartemen. 아파트를 임차하려고요. ≡ Saya mau nyewa apartemen. 생생구어 menyewa에서 me-를 생략 * mau ~하려고 하다, ~하고 싶다 * apartemen 아파트

심화 s에스가 탈락되지 않는 경우

어근이 s에스로 시작하는 외래어일 때 **men-** 접두사가 붙는다.

stabil
안정적인

⇨ **menstabilkan**
안정화하다

예 Pemerintah akan segera **menstabilkan** harga BBM

정부는 곧 기름값을 안정화 시킬 것이다.

▶segera 곧
▶BBM (Bahan Bakar Minyak) 연료

sosialisasi
사회화

⇨ **mensosiaslisasikan**
사회화 하다

예 PNRI(Perpustakaan Nasional Republik Indonesia) akan **mensosialisasikan** program "Gemar Membaca".

인도네시아 국립중앙도서관은 "독서 삼매경" 프로그램을 사회화할 것이다.
(독서문화를 계승하기 위한 프로그램을 실시)

▶perpustakaan 도서관
▶nasional 국립의
▶gemar + 동사 ~를 즐거이 하다 문어체
▶membaca 읽다

비교적 오래 전에 차용되어 쓰인 경우 일반적인 규칙 적용 가능
sukses 성공한 → menyukseskan ~을 성공시키다

meng- + a / e / i / o / u / g / h / k *탈락* / kh

어근	meN- 동사	예문
ajak v ~하자고 하다, 초대하다	**mengajak** ~하자고 하다, 초대하다	**격식** Mereka mengajak saya makan malam. 그 사람들이 저를 저녁식사에 초대했습니다. * makan malam 저녁먹다. 저녁식사 **비격식** Mereka ajak saya makan malam. 그 사람들이 저한테 저녁 (같이) 먹자고 했어요. ≡ Mereka *ngajak* saya makan malam. *생생구어* mengajak 에서 me-를 생략
ejek v 놀리다	**mengejek** 놀리다	**격식** Mereka mengejek anak saya. 그 사람들이 우리 아이를 놀렸습니다. * anak 자식. 아이 * anak saya 우리 아이 **비격식** 비격식 구어에서 **ejek**을 쓰지 않고 **ngejek**을 쓴다. Mereka *ngejek* anak saya. *생생구어* 그 사람들이 우리 아이를 놀렸어요. mengejek 에서 me-를 생략

inap
v (숙박시설, 친구집에) 묵다

menginap
(숙박시설, 친구집에) 묵다

격식 Dia akan menginap di hotel.

그 사람은 호텔에 묵을 겁니다.

* akan　~할 것이다

비격식 inap 그대로 쓰이지 않고 nginap으로 쓰인다.

Dia akan *nginap* di hotel. *생생구어*

그 사람은 호텔에서 머무를 거야.

menginap에서 me-를 생략

---

obrol
v 얘기를 나누다

mengobrol
얘기를 나누다

격식 Direktur itu mengobrol lama dengan sekretarisnya.

그 부장은 자기 비서와 오랫동안 얘기를 나눴습니다.

* direktur　부장
* lama　오래
* dengan　(형 with) ~와
* sekretaris　비서

비격식 비격식 구어에서 obrol이라고 하지 않고, ngobrol이라고 한다.

Direktur itu *ngobrol* lama dengan sekretarisnya. *생생구어*

그 부장은 자기 비서와 오랫동안 얘기를 나눴다.

mengobrol 에서 me-를 생략

---

urus
v 일을 보다, 관리하다

mengurus
일을 보다, 관리하다

격식 Dia mengurus bagian pemasaran di perusahaan itu.

그 사람은 그 회사에서 마케팅부를 관리하고 있습니다.

* bagian　부분, 부서
* bagian marketing /bagian pemasaran　마케팅부

비격식 비격식 구어에서 urus라 하지 않고 ngurus라고 한다.

Dia *ngurus* bagian pemasaran di perusahaan itu. *생생구어*

그 사람은 그 회사에서 마케팅부를 관리하고 있어요.

mengurus 에서 me- 생략

ganggu	mengganggu	
v 방해하다	방해하다	

ganggu
v 방해하다

mengganggu
방해하다

[격식] Mereka sering mengganggu
orang-orang yang berjualan di jalan itu.

그 사람들은 그 길에서 장사를 하는 사람들을
자주 방해합니다.

* sering 자주
* orang-orang 사람들
* berjualan ～를 팔다
* di jalan itu 그 길에서

[비격식] Jangan ganggu saya.
귀찮게 하지마 (방해하지마).

* jangan ～하지마 (영 don't)

Mereka sering *ngganggu*
orang-orang yang berjualan di jalan itu.
생생구어
mengganggu에서 me- 생략

hapus
v 지우다

menghapus
지우다

[격식] Saya bertugas menghapus papan tulis.
저는 칠판 지우는 것을 담당하고 있습니다.

* bertugas + me-동사 ～하는 것을 담당하다
* tugas 임무, 업무, 과제
* papan tulis 칠판(papan 판 tulis 쓰다)

[비격식] Saya bertugas *ngehapus* papan tulis.
저는 칠판 지우는 걸 담당하고 있어요.

인도네시아어는 [자음 + 자음 + 자음]의 구조가
올 수 없기 때문에 e(모음의 성격이 가장 투명한 모음)
를 넣어 발음한다.

kirim
ⓥ (소포를) 보내다

mengirim
(소포를) 보내다

k탈락

격식 Saya sudah mengirim email kepada mereka.

저는 그 사람들한테 이메일을 보냈습니다.

* kepada ~에게 (영 to)

비격식 Saya sudah kirim email kepada mereka.

⧉ Saya sudah *ngirim* email kepada mereka. 생생구어

mengirim에서 me-생략

khawatir
ⓐ 걱정스러운

mengkhawatirkan
~을 걱정하다

격식 Banyak orang tua mengkhawatirkan kondisi anaknya setelah mendengar berita tentang perang itu.

많은 부모들이 전쟁에 대한 뉴스를 들은 후 아이의 상황을 걱정하고 있다.

* banyak 많은
* orang tua 부모님
* kondisi 상태
* setelah ~한 후에
* mendengar 듣다
* berita 뉴스
* tentang ~에 대해서
* perang 전쟁

비격식 비격식 구어에서는 **ngekhawatirin** 이라고 한다.

어근이 k + r 또는 k + l 등 k + 자음의 형태인 경우 k가 탈락되지 않고,
어근 그대로 접두사 meng- 과 결합한다.

1 **kritik** ⇒ **mengkritik** 비판하다

예 Para pembaca koran / **mengkritik** isi atikelnya.
　　신문독자들은 그 기사의 내용을 비판했다.

▷kritik 비평. 비판
▷para ~들
▷pembaca 독자 접두사 peN- 115p 참고
▷koran 신문
▷isi 내용
▷artikel 기사

2 **klasifikasi** ⇒ **mengklasifikasi** ~을 분류하다

예 Cara **mengklasifikasi** buku / tidak sulit.
　　책을 분류하는 방법은 어렵지 않다.

▷klasifikasi 분류
▷cara 방법
▷buku 책
▷sulit 어려운

3 **kreasi** ⇒ **mengkreasikan** ~를 창의적으로 만들다

예 Berikut ini adalah cara **mengkreasikan** jilbab.
　　다음은 질밥으로 (머리를) 색다르게 꾸미는 방법이다.

▷kreasi 창의적 결과물
▷berikut ini 이 다음에 나오는 내용은
▷adalah ~이다
▷jilbab 질밥 (무슬림 여자들이 머리에 두르는 것)

2-5 menge- + 1음절로 된 어근

어근의 첫 자에 상관없이 **1음절** 일 경우

어근	meN- 동사	예문
cek ⓥ 확인하다	mengecek 확인하다	**경사** Anda harus mengecek barang bawaan Anda sebelum turun. (버스 안내 방송) 하차전에 소지품을 확인하셔야 합니다. * harus ~해야 하다 * barang 물건 * barang bawaan 소지품(가져 온 물건) * sebelum ~하기 전에 * turun 내리다 **비경사** Kamu harus cek barang bawaanmu. 소지품을 확인해야 돼. ≡ Kamu harus *ngecek* barang bawaanmu. 생생구어 mengecek에서 me-를 생략 * barang bawaanmu = barang bawaan kamu 네 소지품 놓고 내리는 것 없지?　그럼~잘 챙겼어~~

tes
n 시험

mengetes
시험하다

경식 Dia sedang mengetes kualitas produk itu.
그 사람은 그 제품의 품질을 시험하고 있습니다.

* kualitas 질(영quality)
* produk 제품

비경식 Dia sedang *ngetes* kualitas produk itu.
그 사람은 그 제품의 품질을 시험하고 있어요.

생생구어

mengetes에서 me-생략

bel
n 벨 (영bell)

mengebel
전화하다

경식 Dia sedang mengebel sopirnya.
그 사람은 운전기사에게 전화를 하고 있습니다.

* sopir 운전기사

비경식 Dia sedang *ngebel* sopirnya.
그 사람은 운전기사에게 전화를 하고 있어요.

생생구어

mengebel에서 me-생략

어근	meN- 동사	예문
rasa ⓝ 느낌	merasa 느끼다	격식 Saya merasa penjelasannya benar. 제가 느끼기에는 설명이 맞는 것 같습니다. * penjelasan 설명 * benar 맞다 비격식 Saya rasa penjelasannya benar. 제가 느끼기에는 설명이 맞는 것 같아요. ⬥ Saya *ngerasa* penjelasannya benar. 비표준 생생구어
lihat ⓥ 보다	melihat 보다 영 to see	격식 Dia tidak bisa melihat apa-apa. 그 사람은 아무것도 볼 수 없습니다. * tidak bisa 격식 = enggak bisa 비격식 ~할 수 없다 비격식 Dia enggak bisa lihat apa-apa. 그 사람은 아무것도 볼 수 없어요. ⬥ Dia enggak bisa *ngelihat* apa-apa. 비표준 생생구어

| masak
v 요리하다 | me**masak**
요리하다 | Ayah saya suka me**masak**.
저희 아버지는 요리하는 것을 좋아 하십니다.

＊ ayah 아버지
＊ suka + 동사 ～하는 것을 좋아하다

비격식 Ayah saya suka **masak**.
저희 아버지는 요리하는 걸 좋아 하세요.

 |
| nyanyi
v 노래하다 | me**nyanyi**
노래하다 | 격식 Anak saya pandai me**nyanyi**.
우리 아이는 노래를 잘합니다.

＊ pandai + 동사 ～를 잘하다

비격식 Anak saya pandai **nyanyi**.
우리 아이는 노래를 잘해요.

 |

아래 예문의 **meN-** (mem-, men-, meng-등) 접두사는 ~해 지다라는
문법적 의미를 갖고 있으며, 목적어를 수반하지 않는다.
이 때 접두사는 생략할 수 없다.

1 Setelah diet, perut saya **mengecil**.

다이어트 한 후에 배가 작아졌다. (뱃살이 줄어듦)

▶setelah ~한 후에
▶diet 다이어트
▶perut 배
▶perut saya 내 배
▶mengecil (어근 kecil) = menjadi kecil 작아지다

2 Kondisi kesehatan dia / sudah **membaik**.

그의 건강 상태가 좋아졌다.

▶kondisi 상태
▶kesehatan 건강
▶membaik (어근 baik) = menjadi baik 좋아지다

3 Pekerjaan saya **menggunung**.

일이 산처럼 쌓였어요.

▶pekerjaan 일
▶gunung 산
▶menggunung = menjadi gunung (직역)산이 되다 → (일이) 산더미처럼 쌓이다

접환사 meN-kan

meN- + 어근 + -kan = 동사 (or 심리형용사)

문법적의미
① ~을 ~하게 만들다
② (누군가를 위해서, 대신) ~해 주다
③ (심리형용사와 결합하여) ~이 어떠하다

① membuat~sehat = menyehatkan   ~를 건강하게 하다

② memanggil~untuk = memanggilkan   불러주다

③ membuat~bangga = membanggakan   자랑스러운

1 ~을 ~하게 만들다

Makanan ini membuat **badan kita** sehat.

≡ **Makanan ini** menyehatkan **badan kita.**

이 음식은 우리 몸을 건강하게 한다.

* makanan 음식
* badan 몸
* membuat 만들다
* membuat badan sehat = menyehatkan badan 몸을 건강하게 만들다

membuat ~ sehat
≡ menyehatkan

~를 건강하게 하다

• olahraga 운동
• akan ~할 것이다
• turun 내려가다
• menurunkan 내리다
• berat badan 몸무게
• berat 무거운, 무게

Olahraga akan menurunkan berat badan.
운동은 몸 무게를 내려가게 할 것이다.
(운동을 하면 몸무게가 줄 것이다)

Dia memanggil **taksi** untuk **atasannya.**

≡ **Dia** memanggilkan **atasannya taksi.**

그는 자기 상사를 위해 택시를 불렀다.

* memanggil (어근 panggil) (누구를) 부르다

* memanggil taksi 택시를 부르다

* untuk ～를 위해

* atasan 상사

* atasannya = atasan dia 그의 상사

memanggil ~ untuk

불러주다

≡ memanggilkan

Dewi mengambil tas untuk temannya.

= Dewi mengambilkan temannya tas.

데위는 자기 친구를 위해 가방을 가져다 줬다.

Tolong panggilkan taksi.

= Tolong panggilin taksi. 생생구어

(저를 위해서) 택시를 좀 불러주세요. 🐵→ 구문편 **명령문 188p** 참고

• mengambil tas 가방을 집다

• temannya =teman dia

(데위는 3인칭이므로,

temannya는 데위의 친구를.

-nya는 데위를 가리킴)

③ (심리형용사와 결합하여) ～이 어떠하다

Presentasi itu membuat **saya** pusing.

⩶ Presentasi itu memusingkan.

<u>나를 골치 아프게 하는 것</u>

그 발표 골치 아파.

(골치아픈 건 **나** → 분명한 목적어이므로 생략됨)

* presentasi 프레젠테이션
* membuat 만들다
* pusing 머리 아픈, (내가)골치 아픈
* memusingkan 골치 아프게 하는

Hasil ujian anak saya membuat saya bangga.

= Hasil ujian anak saya membanggakan.

우리 아이의 시험 결과가 자랑스러워요.

자랑스러움을 느끼는 건 **나** → 분명한 목적어이므로 생략됨

• film 영화
• bikin 만들다 비격식
• sedih 슬픈
• bikin sedih 슬프게 하다

Film itu menyedihkan. 그 영화는 슬퍼.

= Film itu bikin sedih. 생생구어

직역 : 그 영화는 나를 슬프게 해.

❶ takut과 menakutkan의 차이

Dia takut.　　　　　그 사람은 겁에 질렸어요.

Dia takut hantu.　　　그 사람은 귀신을 무서워해요.

▷ hantu 귀신

Dia menakutkan.　그 사람은 무서운 사람이에요.

=Dia membuat orang lain takut.

　그 사람은 다른 사람을 무섭게 해요.

▷ orang lain 다른 사람
▷ takut 무서운

❷ bosan과 membosankan의 차이

Saya bosan.　　　　　나 지루해. (심심해)

　　　　　　　　　　　영 I am bored.

▷ film 영화
▷ bosan (내가 감정을 느낌) 지루한, 심심한

Film itu membosankan.　그 영화는 지루해. (나를 지루하게 해)

　　　　　　　　　　　　영 That movie is boring

94

심화 접환사 meN-kan

1 **meN-kan** ~를 ~로 가져가다

(예) Polisi itu menyuruh dia **meminggirkan** mobilnya.

그 경찰은 그 사람에게 차를 길가로 세우라고 했다.

▶ polisi 경찰

▶ menyuruh 시키다, 지시하다 (어근 suruh)

▶ pinggir (길)가

▶ meminggirkan ~(길)가로 가져가다, 가쪽으로 치우다

▶ ke pinggir (jalan) (길)가로

▶ mobil 차(車)

▶ mobilnya = mobil dia 그 사람의 차 (dia 3인칭 단수)

2 **meN-kan** ~를 ~로 여기다, ~를 ~가 되게 하다

(예) Dia selalu **menomorduakan** keluarganya.

그 사람은 항상 가족을 2순위로 여겼다.

▶ selalu 항상

▶ keluarga 가족

▶ nomor dua 2번

접환사 meN-i

meN- + 어근 + -i = 동사

문법적의미
① ~을 주다
② 접미사 -i 가 전치사 기능
③ 여러 번 반복하여 ~을 하다

미리보기

① memberi + nama = menamai   이름을 지어주다

② hadir + pada = menghadiri   ~에 참석하다

③ berkali-kali memukul = memukuli   여러 번 반복하여 치다

1 ～을 주다

Rini ingin memberi nama **anaknya Agnes.**

≡ Rini ingin menamai **anaknya Agnes.**

리니는 아이 이름을 아그네스라고 짓고 싶어합니다.

* ingin ～하고 싶다(문어체)
* memberi 주다
* anak 아이

Presiden direktur itu telah memberi tanda tangan surat itu.

= Presiden direktur itu telah menandatangani surat itu.

그 사장은 그 서한에 서명을 했습니다.

• presiden direktur 사장
• tanda tangan 서명
• tanda 표시
• tangan 손
• surat 편지, 서한

2 me-i의 -i는 전치사 역할을 대신한다

어근 ✚ 전치사 ＝ meN- ✚ 어근 ✚ -i

hadir   pada   meng-hadir-i

참석하다   （행사）～에   ～에 참석하다

Presiden Korea Selatan akan hadir pada **acara itu.**

≡ Presiden Korea Selatan akan menghadiri **acara itu.**

한국 대통령은 그 행사에 참석할 것이다.

* presiden 대통령
* Korea Selatan 남한
* hadir 참석하다
* hadir pada ～에 참석하다 = menghadiri
* pada (시간, 장소, 행사, 대상 앞에 위치하는 전치사) ～에
* acara 행사

● meN-i　～을 주다

memberi biaya　　비용을 (대)주다
=**mem**biayai

　　　　　　　　　　　　　　　　　▷ memberi 주다
　　　　　　　　　　　　　　　　　　　▷ biaya 비용

memberi dana　　자금을 주다
=**men**danai

　　　　　　　　　　　　　　　　　▷ dana 자금

memberi warna　색깔을 주다 → 염색하다
=**me**warnai

　　　　　　　　　　　　　　　　　▷ warna 색깔

memberi nasihat　조언을 해주다
=**me**nasihati

　　　　　　　　　　　　　　　　　▷ nasihat 조언

Rombongan itu akan berkunjung ke Makassar.
= Rombongan itu akan mengunjungi Makassar.

그 사람들은 마까사르를 방문할 것이다.

- rombongan 그룹, (방문)단
- akan ~할 것이다
- berkunjung ke ~를 방문하다
- ke (방향)~로
- Makassar (술라웨시의 도시 이름) 마카사르

③ 여러 번 반복하여 ~을 하다

Dia berkali-kali memukul dinding karena sangat marah.

≡ Dia memukuli dinding karena sangat marah.

그는 아주 화가 나서 벽을 여러 번 쳤다.

* berkali-kali+ 동사 여러 번 ~ 하다
* memukul 치다 (어근 pukul)
* dinding 벽
* marah 화나다

Dia berkali-kali mencubit bayi yang lucu itu.
= Dia mencubiti bayi yang lucu itu.

그 사람은 그 귀여운 아기의 볼을 여러 번 꼬집었다.

- mencubit 꼬집다 (어근 cubit)
- bayi 아기
- lucu 귀엽다

접두사 memper-

memper- + 어근 = 동사

memper-접두사는 형용사 어근과 결합해
더 ~하게 만들다라는 뜻을 더한다.
그 밖에 ~로 여기다, ~로 대하다를 뜻하기도 한다.
문법적인 의미를 암기하기 보다는
전체 어휘적 의미를 기억하는 것이 좋다.

~를 더~하게 만들다　[형용사 어근과 결합]

Pemerintah Indonesia telah membuat sistem baru untuk mempercepat proses visa.

인도네시아 정부는 비자 절차를 더 신속하게 하기 위해 새로운 시스템을 만들었다.

* pemerintah　정부
* sistem baru　새 시스템
* proses　프로세스, 절차
* cepat　빠른, 빨리

mempermudah proses	절차를 더 쉽게 하다	•mudah　쉬운
mempersulit proses	절차를 더 어렵게 하다	•proses　절차
memperluas halaman	마당을 더 넓게 하다	•sulit　어려운
memperpanjang visa	비자를 연장하다	•luas　(공간이) 넓은
		•halaman　마당
		•panjang　긴

~로 여기다, ~로 대하다　[명사 어근과 결합](사용빈도수가 비교적 낮다)

Dia memperbudak bawahannya.

그 사람은 자기 부하직원을 노예 부리 듯이 한다.

* memperbudak　노예로 여기다, 노예로 대하다
* bawahan　부하직원
* bawah　아래(의)
* budak　노예

memperistri	부인으로 삼다
mempersuami	남편으로 삼다
memperkuda	(사람을) 말처럼 부리다
memperanak	자식처럼 여기다

(= menganggap + 목적어(사람) + anaknya　~를 자식으로 여기다)

심화 접환사 **memper-kan / memper-i**

1 memper-kan   ber- 동사 + 전치사 와 같은 의미

(예) Para konsumen **mempertanyakan** keaslian kopi luwak Lampung.

소비자들이 Lampung람뿡의 Luwak루왁커피가 진짜인지 묻고 있다.

mempertanyakan = bertanya-tanya tentang

~에 대해 문제 삼다, 의문을 갖다

▶ **tanya** 묻다
▶ **konsumen** 소비자
▶ **para konsumen** 소비자들
▶ **asli** 진짜의 (형)original, genuine)
▶ **keaslian** n. 진짜임, 진성(眞性)

★ bertanya tentang   ~에 대해 문제 삼다, 의문을 갖다
★ menanyakan   ~에게 ~를 묻다, ~에 대해 설명을 요구하다

★ Saya akan menanyakan masalah itu kepada dia.
　저는 그 문제를 그에게 물어볼 겁니다(그에게 어찌된 일인지 설명을 들어야겠어요)

2 memper-kan   ~하게 하다, ~되게 하다

(예) Perusahaan itu akan mengadakan rapat umum guna **mempertemukan** para investor.

그 회사는 투자자들을 만나게 할 목적으로 총회를 열 것이다.

▶ **rapat** 회의
▶ **mengadakan rapat** 회의를 열다
▶ **umum** 공공의, 일반적인
▶ **rapat umum** 총회
▶ **guna** ~할 목적으로, ~하기 위해
▶ **para investor** 투자자들

mempertemukan

만나게 하다

옆 페이지 의미 카테고리에 해당되지 않는 단어들은 한 묶음으로 의미를 기억하기!

★ memperlakukan   ~를 대하다
★ mempermasalahkan   ~를 문제시하다
★ mempertimbangkan   ~를 고려하다, ~를 재어 보다

3 **memper-i**   비교적 사용빈도가 높은 단어 몇가지의 뜻만 기억해도 된다!

예 **memperbarui**   ~를 새롭게 하다   ▶baru 새로운

memperbaiki   ~를 더 좋게 하다, ~를 고치다   ▶baik 좋은

memperingati   (역사적인 날을)기리다, 기념하다   ▶ingat 기억하다

memperingati hari kemerdekaan

▶memperingati ~을 기리다
▶hari kemerdekaan 독립일

접두사 ter-

ter- + 어근 = 동사 or 형용사

문법적의미

① (고의적이 아닌, 나도 모르게) ~하다, (어쩌다보니)~되다
② 한국어의 피동접사 이, 히, 리, 기와 비슷한 의미
   예 보이다, 들리다
③ (완료의 의미) 다 ~ 되었다
④ (최상급) 형용사어근 앞에 결합하여 가장 ~한

미리보기

① **ter**injak   (다른 사람의 실수로) 밟히다

② **ter**lihat   보이다

③ **ter**jual   (다) 팔리다

④ 최상급 **ter-**+형용사 → **ter**tinggi   가장 (키가) 큰, (건물이) 가장 높은

 **(고의적이 아닌, 나도 모르게) ～하다, (어쩌다보니)～되다**

Kenapa?

왜?

Aduh...kakiku terinjak.

아이쿠... 누가 내 발 밟았어. (직역 : 내 발 밟혔어)

* kenapa 왜
* kaki 다리, 발
* injak 밟다
* terinjak (비고의적으로) 밟히다
* diinjak (고의로) 밟히다 **di-** 수동태 접두사

 **한국어의 피동접사 이,히,리,기와 비슷한 의미**

Puncak gunung itu terlihat dari sini jika cuaca cerah.

날씨가 맑으면 여기서 산 꼭대기가 보인다.

* puncak 꼭대기, 정상(영)summit)
* gunung 산
* lihat 보다(영)to see)
* terlihat 보이다
* dari sini 여기에서
* jika ～라면(영)if)
* cuaca 날씨
* cerah (날씨가) 화창한

terlihat = dapat dilihat 보인다(보일 수 있다 – 가능성)

* dapat ～할 수 있다 문어체, 격식

③ (완료의 의미) 다~ 되었다

Tiket konser Super Junior itu terjual habis dalam tiga menit.
슈퍼주니어 콘서트 티켓은 3분만에 매진됐다.

* tiket 표
* konser 콘서트
* dalam ~안에, ~만에
* menit 분
* habis 다 소진된, 다 없어진
* terjual habis 매진되다

terjual = sudah dijual   다 팔렸다 (다 팔리고 없음)

* sudah (시제부사) 이미, 벌써

④ 최상급 ter- + 형용사   가장~한

접두사 ter-를 결합한 최상급 형용사 형태가 다 자연스러운 것은 아니다.
구어에서는 보통 paling + 형용사 형태로 쓰이며, 문어에서는 ter- 형태를 쓴다.

tinggi	(키가) 큰, (건물이) 높은	paling tinggi = tertinggi	가장 높은
mahal	비싼	paling mahal = termahal	가장 비싼
besar	큰	paling besar = terbesar	가장 큰
dekat	가까운	paling dekat = terdekat	가장 가까운

심화 접환사 **ter-kan / ter-i**

1 **ter-kan** （완료） 다 ~ 되다 ＝ telah + di- 어근 -kan

★ selesai
ⓥ 다 되다
마치다

주어(사람) ✚	menyelesaikan ✚	목적어 ~가 ~을 끝내다
주어(사물) ✚	terselesaikan ＝	**telah diselesaikan**

~가 끝나다 (완료가 되다)

▶telah 완료의 시제부사 di- 수동태 접두사

(예) Pemerintah harus **menyelesaikan** banyak masalah lingkungan.
정부는 많은 환경 문제를 해결해야 한다.

(예) Masalah itu **terselesaikan** dengan baik.
그 문제는 잘 해결되었다.

▶masalah 문제
▶lingkungan 환경
▶dengan baik 잘

2 **ter-i** （완료） 다 ~ 되다 ＝ telah + di- 어근 -i

★ penuh
ⓐ 가득찬

주어(사람) ✚	memenuhi ✚	목적어 ~가 ~을 채우다, (조건을) 갖추다
주어(사물) ✚	terpenuhi ＝	**telah dipenuhi** 채워지다, 이뤄지다

(예) Para pelamar kerja harus **memenuhi** syarat.
구직 지원자들은 조건을 갖추어야 합니다.

▶para ~들
▶pelamar 지원자
▶harus ~해야 하다
▶syarat 조건

(예) Untuk lolos seleksi dokumen, semua syarat harus **terpenuhi**.
서류 심사를 통과하기 위해서는, 모든 조건들이 갖추어 져야 합니다.

▶untuk ~하기 위해서
▶lolos 통과하다
▶seleksi dokumen 서류심사
▶semua 모든 ▶syarat 조건
▶harus ~해야 하다
▶terpenuhi 갖추어 지다(완료)

접환사 ke-an

ke- + 어근 +-an = 서술어(동사 or 형용사) or 명사

문법적의미

① 좋지 않은 일, 부정적인 일을 당하다

② (상태 형용사와 결합) 너무~하다

③ ke- + 형용사 or 동사 + -an = 명사

미리보기

① hilang	사라지다, 잃다	→ kehilangan	잃어 버리다
② panas	더운, 뜨거운	→ kepanasan	너무 덥다
③ sehat	건강한	→ kesehatan	건강

1 ke- + 동사 or 명사 + - an (대체로)좋지 않은 무언가를 당하다

어근		예문
hilang 사라지다	**ke**hilang**an** 잃어 버리다	Saya kehilangan HP kemarin. 지난 번에 핸드폰을 잃어 버렸어요. * HP 하뻬 핸드폰 * kemarin 지난번에, 어제
tinggal 남다	**ke**tinggal**an** (물건을)두고 오다 / 가다	Dompet saya ketinggalan di kantor. 사무실에 지갑을 두고 와 버렸어요. * dompet 지갑 * kantor 사무실
tidur 자다	**ke**tidur**an** 잠들어 버리다	Aduh maaf, aku ketiduran. Tunggu 15 menit lagi, ya~ 아, 미안 잠들어 버렸어. 15분만 더 기다려 줘, 알았지~ Ok, aku tunggu di luar, ya~ 알았어. 밖에서 기다릴게~ * aduh (감탄사) 앗,아이고 * maaf 미안하다 * tunggu 기다리다 * 15 [lima belas] menit 15분 * lagi 문미 더, 또, 다시 * di luar 밖에(서)

~ya는 말투를 부드럽게 해 주지만
아무데나 다 붙이지는 않아요!
이때는 청자에게 한 말을 확인하려는 의도로
사용한 거랍니다!

| banjir
홍수 | kebanjiran
홍수피해를 입다 | **Desa saya kebanjiran waktu musim hujan.**
저희 시골이 우기에 홍수피해를 입었습니다.

                          * desa 시골
                          * waktu ～때
                  * musim hujan 우기
            (musim 계절 hujan 비)

예외 **Kota Bandung** *kebanjiran* **wisatawan mancanegara.**
반둥 시는 외국 관광객들로 인산인해를 이루었다.

                          * kota 도시
                  * wisatawan 관광객
         * mancanegara 외국, 만국 |
| hujan
비 | kehujanan
비를 맞다 | **Saya kehujanan kemarin, soalnya enggak bawa payung.**
어제 우산을 안 가지고 나가서 비를 맞았어요.

       * bawa 가져오다, 가져가다 (격식 membawa)
                    * payung 우산
* soalnya 문제는～ 해서, ～ 때문에 (영the thing is ～)
              * kemarin 지난번에, 어제

 |

2 ke- + 상태형용사 + - an   너무 ~하다

어근		예문
lapar 배고픈	**ke**lapar**an** 너무 배가 고프다	Saya belum makan apa-apa sampai sekarang. Saya kelaparan. 이제껏 아무것도 안 먹었어요. 너무 배고파요(배고파 죽겠어요) * makan 먹다 * sampai ~까지 * sekarang 지금 * apa-apa (부정과 결합하여) 아무것도
panas 더운 **lama** 오래	**ke**panas**an** 너무 덥다 **ke**lama**an** 너무 오래(~하다)	Anak saya kepanasan karena kelamaan di luar. 우리 아이가 밖에 너무 오래 있어서 더위를 먹었어요. * kepanasan 너무 덥다, 더위 먹다 * lama 오래 * di luar 밖에
dingin 추운	**ke**dingin**an** 너무 춥다	Kamu harus pakai sarung tangan supaya tidak kedinginan. 너무 춥지 않게 장갑을 껴야 돼. * pakai 착용하다 * harus ~해야 하다 * sarung tangan 장갑 * supaya ~하도록

capai 피곤한	kecapaian 너무 피곤하다	Kami lembur terus sejak minggu kemarin, jadi semuanya kecapaian. 저희가 지난주부터 야근을 계속 해서, 모두들 너무 피곤한 상태예요.

* lembur 정해진 시간 외에 근무하다, 야근하다
* 동사 + terus 계속 ~하다
* sejak ~이후로 (영 since)
* minggu kemarin 지난 주
* jadi 그래서 (영 so)
* semua 모두, 전부

단어 밑줄 쫙!

Ibu guru (Bu guru)   선생님을 직접 부를 때는 다른 사람들에게 하는 것과 마찬가지로
여자/남자 호칭에 성함을 붙인다.

Ibu Ani (Bu Ani)   아니(Ani) 선생님

Bapak Suhandano (Pak Suhandano)   수한다노 선생님

또는 선생님이라는 호칭의 의미로 **Bu guru / Pak Guru** 라고 한다.

Guru Ani (x)

 호칭관련 25p 참고   **Guru Suhandano (x)**

 문법

다음의 예는 별도로 의미를 기억해 두자!

① kelihatan   ~해 보이다

Kamu kelihatan capai.   너 피곤해 보여.

Kamu kelihatan pucat.   너 창백해 보여.

▶ lihat 보다 (to see)
▶ capai 피곤한 [capek 짜뻬-ㄱ] 발음주의

② kedengaran   들리다

Diam! Suara Pak guru tidak kedengaran.

(반장 왈) 조용히 해! 선생님 목소리 안 들리잖아.

▶ dengar 듣다 (to hear)
▶ diam 조용한, 말없는
▶ suara 목소리
▶ guru 교사

3 ke- + 형용사 or 동사 + - an   어근과 관련된 뜻의 명사가 됨

형용사	뜻	명사	뜻
sehat	건강한	kesehatan	건강
cantik	예쁜	Kecantikan	아름다움, 미용
jujur	솔직한	kejujuran	솔직함
bersih	깨끗한	kebersihan	청결
mampu	~할 능력이 있는	kemampuan	능력
berani	용기있는	keberanian	용기
sukses	성공한 (형 successful)	kesuksesan	성공

동사	뜻	명사	뜻
berhasil	성공하다 (hasil 결과,결실)	keberhasilan	성공
datang	오다	kedatangan	도착
berangkat	출발하다	keberangkatan	출발
hadir	참석하다	kehadiran	참석
percaya	믿다	kepercayaan	신앙, 믿음

접두사 peN- / pe-

peN- / pe- + 어근 = 명사

문법적의미

① me- 동사 → peN- ~하는 사람이나 도구
② 형용사 → peN- ~한 성향을 많이 갖고 있는 사람
③ ber- 동사 → pe- ~하는 사람

> **peN-**
> 동사나 형용사 어근의 첫 재(음운)에 따라 **pem-, pen-, peng-, penge-, pe-** 로 나타난다.

단어	뜻		단어	뜻
①membeli	사다		pembeli	구매자
menjual	팔다	→	penjual	판매자
menghapus	지우다		penghapus	지우개
②malu	부끄러워하는		pemalu	수줍음을 잘 타는 사람
diam	조용한, 말이 없는	→	pendiam	말 수가 적은 사람
③berdagang	무역을 하다		pedagang	무역인, 상인
bermain	놀다, 경기를 하다 ⑧to play	→	pemain	(운동) 선수

접환사 per-an

per- + 어근 + -an = 명사

ber-동사에서 파생 된 명사이다.

접사편 접두사 ber- 68p 참고

접사편 접두사 ber- 68p 참고

미리보기

① ber**beda**	다르다		per**bedaan**	차이
② ber**temu**	만나다		per**temuan**	회의, 모임
③ ber**ubah**	변하다		per**ubahan**	변화
④ be**kerja**	일하다		pe**kerjaan**	일
⑤ ber**jalan-jalan**	돌아다니다		per**jalanan**	여행

① berbeda 다르다 ~ perbedaan 차이

Andri dan Ayu sangat berbeda,

tetapi perbedaan itu tidak menghalangi cinta mereka.

안드리와 아유는 서로 다른 점이 많았지만, 그 차이점은 그들의 사랑을 막지 못했다.

* sangat (서술어 앞에 옴) 아주
* berbeda 다르다
* tetapi 하지만
* perbedaan 차이
* menghalangi ~을 막다
* cinta 사랑

② bertemu 만나다 ~ pertemuan 회의, 모임, 만남

Para presiden seluruh dunia / akan bertemu untuk membicarakan agenda global. Pertemuan itu akan berlangsung di Bali.

전 세계의 대통령들이 글로벌 현안에 대해서 논의하기 위해 만날 것이다.
그 회의는 발리에서 진행될 것이다.

* para presiden 대통령들
* seluruh dunia 전 세계
* akan ~할 것이다
* bertemu 만나다
* untuk ~하기 위해서(영 to부정사)
* membicarakan ~에 대해 얘기하다
* agenda 현안
* pertemuan 만남, 모임, 회의
* berlangsung 진행되다
* di ~에서

③ berubah 변하다 ~ perubahan 변화

Kebijakan pajak akan berubah.

Perubahan kebijakan tersebut / akan berlaku mulai tahun depan.

세금 정책이 변할 것이다. 그 정책 변화는 내년부터 유효할 것이다.

* kebijakan 정책
* pajak 세금
* berubah 변하다
* perubahan 변화
* tersebut (앞에서) 언급된, 그 (영mentioned, the)
* berlaku 유효하다
* mulai adv ~부터, v 시작하다
* tahun depan 내년

④ bekerja 일하다 ~ pekerjaan 일

Mereka sangat rajin bekerja dari pagi sampai malam.

Hasil pekerjaan mereka / luar biasa.

그 사람들은 아침부터 밤까지 아주 열심히 일합니다.
그 사람들의 일의 결과는 훌륭합니다.

* mereka 그 사람들 (영they)
* rajin + 동사 열심히 ~하다
* rajin 부지런한, 성실한
* bekerja 일하다
* dari ~부터 (영from)
* sampai ~까지
* pagi 아침
* malam 밤
* hasil 결과
* pekerjaan 일
* luar biasa 비범한, 훌륭한, 대단한

Rombongan dari Indonesia / akan berjalan-jalan di Seoul.

Biaya perjalanan mereka / akan ditanggung oleh pihak Korea.

인도네시아에서 온 방문단이 서울을 관광 차 돌아다닐 것이다.

그 사람들의 여행 경비는 한국측이 책임질 것이다.

* rombongan 그룹, 방문단

* berjalan-jalan 돌아다니다 (여행하다)

* biaya 비용

* perjalanan 여행

* ditanggung oleh (직역) ~에 의해 책임저지다 (수동)

* pihak ~측

* A ditanggug oleh B A는 B가 책임진다

접환사 peN-an

peN- + 어근 + -an = 명사

me-동사군 (me-, me-kan, me-i)에서 파생된 명사로
peN-an은 어근의 첫 자(음운)에 따라
pem-an, pen-an, peng-an, penge-an, pe-an으로 나타난다.

접사편 접두사 meN- 72p 참고

미리보기

① membangun	건설하다	→ pembangunan	건설
② menjual	판매하다	→ penjualan	판매
③ menemukan	~을 발견하다	→ penemuan	발견
④ membayar	지불하다	→ pembayaran	지불
⑤ meneliti	~를 연구하다	→ penelitian	연구

1 membangun 건설하다 ~ pembangunan 건설

Salah satu perusahan Korea / berencana membangun jembatan di Kalimatan Timur. Namun, pembangunan jembatan tersebut / ditunda hingga tahun depan.

한 한국회사가 동부 깔리만탄에 다리를 건설할 계획이었으나,
그 교량 건설은 이듬해까지 연기되었다.

* salah satu ~중의 하나
* perusahaan Korea 한국회사
* berencana 계획하다(계획을 갖고 있다)
* membangun 짓다, 세우다 (어근 bangun)
* jembatan 다리, 교량
* timur 동쪽
* namun 그러나
* pembangunan 건설
* ditunda 연기되다 (어근 tunda)
* hingga ~까지(문어체)
* tahun depan 내년

2 menjual 판매하다 ~ penjualan 판매

Pak Sugianto menjual gorengan di jalan.

Hasil penjualan hari ini / cukup memuaskan.

수기안또 아저씨는 길에서 튀김을 판다. 오늘 판매 결과는 꽤 만족스러웠다.

* menjual 팔다 (어근 jual)
* gorengan 튀김
* jalan 길
* hasil 결과
* penjualan 판매
* hari ini 오늘
* cukup 충분히
* memuaskan 만족시키는 (뒤에 오는 목적어 (사람)생략 가능)

접사편 접두사 me-kan 참고

③ menemukan 발견하다 ~ penemuan 발견

Edison menemukan bola lampu dan mesin proyektor film.

Penemuannya sangat berguna bagi kehidupan manusia.

에디슨은 전구와 영사기를 발명했다.

그의 발명은 인간의 삶에 아주 유용하다.

* menemukan ~을 발명하다, 발견하다(어근 temu)
* bola lampu 전구
* mesin proyektor film 영사기
* penemuan 발견, 발명 * berguna 유용하다
* bagi ~에게, ~한테 (~에게 있어서) * kehidupan 삶 * manusia 인간

④ membayar 지불하다 ~ pembayaran 지불

Mereka belum membayar tagihan listrik.

Pembayarannya setiap tanggal 25.

그 사람들은 아직 전기세를 내지 않았다.

그 사람들의 전기세 지불(일)은 매달 25일이다.

* belum 아직 ~하지 않다
* membayar 지불하다
* tagihan listrik 전기세
* pembayaran 지불 * setiap 매(영every)
* tanggal (날짜) 일(영date) * 25[dua puluh lima]

⑤ meneliti 연구하다 ~ penelitian 연구

Dia ingin meneliti tentang mitos masyarakat Jawa. Dia akan

berangkat ke Yogyakarta minggu depan untuk penelitiannya.

그 사람은 자와 사회의 미신에 대해 연구하고 싶어한다.

그 사람은 자신의 연구를 위해 다음주에 족자카르타로 출발할 것이다.

* ingin ~하고 싶다(문어체)
* meneliti tentang ~에 대해 연구하다(어근 teliti)
* mitos 미신 * masyarakat Jawa 자와 사회, 자와 사람들
* berangkat ke ~로 출발하다 * minggu depan 다음주
* untuk ~을 위해서 * penelitiannya = penelitian dia 그 사람의 연구 (자신의 연구)

접미사 -an

어근 + -an = 명사

문법적의미

① 어근 + -an : ~의 결과로 나타나는 것(동사에서 파생)

② (군집명사) ~류

③ 정기적으로 돌아오는 시간

④ 수 + -an : 대략 ~정도의 수

미리보기

① masak ⓥ	요리하다	→ masakan	요리
② buah	과일	→ buah-buahan	과일류
③ tahun	년(宏year)	→ tahunan	연례
④ 30 (tiga puluh) 30		→ 30an(tiga puluh-an)	30 여개의 ; 30대의(나이)

동사	명사
memasak 요리하다	masak**an** 요리
Dia jago memasak. 그 사람은 요리를 잘해요. •jago 챔피언 •jago + 동사 ~을 최고로 잘하다	Masakan dia enak sekali. 그 사람의 음식은 정말 맛있어요. •enak 맛있는 •sekali (형용사 뒤에 옴) 아주
membantu 돕다	bantu**an** 도움
Perusahaan itu membantu para korban bencana alam. 그 회사는 자연재해 피해자들을 도왔다. •perusahaan 회사 •para ~들 •korban 희생자 •bencana alam 자연재해	Terima kasih banyak atas bantuan Anda. 도와주셔서 대단히 감사합니다. (= Terima kasih banyak sudah membantu saya.) •terima kasih 감사합니다 •terima kasih banyak 정말 감사합니다 •terima kasih atas + 명사 (더 격식) = terima kasih sudah + 동사 ~해 주셔서 감사합니다(영 thank you for ~)
menulis (글을) 쓰다 어근 tulis	tulis**an** 글
Dia suka menulis novel. 그 사람은 소설 쓰는 것을 좋아한다.	Tulisannya sangat mengharukan. 그 사람의 글은 아주 감동적이다.
menabung 저축하다 어근 tabung	tabung**an** 저축한 돈
Anak itu punya kebiasaan menabung di celengan. 그 아이는 저금통에 저금하는 습관을 갖고 있다. •anak 아이 •punya 가지다 (영 to have) •kebiasaan 습관 •menabung 저축하다 (어근 tabung 구어 nabung) celengan 저금통	Tabungannya lumayan banyak. 그 아이가 저축한 돈은 꽤 많다. •lumayan + 형용사 꽤 ~하다 •banyak 많은

② (군집명사) ～류

buah	과일		buah-buahan	과일류
sayur	채소	⇒	sayur-sayuran	채소류
laut	바다		lautan	해양

③ 정기적으로 돌아오는 시간

surat kabar **hari**an	일간지 신문
majalah **minggu**an	주간 잡지
majalah **bulan**an	월간 잡지
rapat **tahun**an	연례 회의

* koran = surat kabar 신문
* hari 하루, 날(영day)
* majalah 잡지
* minggu 주 (영week)
* bulan 달, 월 (영month)
* rapat 회의
* tahun 년 (영year)

④ 수 + -an   대략 ～정도의 수

30an (tahun)   (나이) 30대

tahun **1980**an (tahun 80an)   1980년 대(80년 대)

500an orang   500 여명의 사람

jutaan rupiah   몇 백 만대의 루피아

ribuan orang   수 천만 명의 사람

* tiga puluh 30
* seribu sembilan ratus delapan puluh 1980
* juta 백만 (1,000,000)

ㄴ 기본편 60p 숫자표 참고

접두사 se-

문법적의미
① 하나의
② 전체의
③ ~만큼 ~한 (~와 같은)

① secangkir kopi   (작은) 커피 한 잔

② se-Indonesia   인도네시아 전역

③ setinggi~   키가 ~만큼 ~한

Pemirsa, bagaimana kalau kita mulai hari ini dengan secangkir kopi?

시청자 여러분, 커피 한 잔으로 오늘을 시작해 보는 건 어떨까요?

* pemirsa 시청자
* bagaimana kalau ～하면 어때요
* mulai 시작하다
* hari ini 오늘
* dengan ～로,～와 (영 with)
* cangkir 작은 찻잔
* kopi 커피

Tuangkanlah segelas air ke dalam panci.

냄비 안에다가 물 한 잔을 부으시오.

• tuang 붓다
• menuangkan ～을 붓다
• tuangkanlah 부으시오
• gelas 컵
• air 물
• ke dalam ～안으로
• panci 냄비

커피 한잔 할래?

Mau secangkir kopi? 라고 하지 않고, Mau minum kopi? Mau ngopi? 라고 얘기한다.

mau ～하고 싶다, ～를 원한다,～를 하려고 하다

minum kopi 커피를 마시다 = ngopi informal

Asia adalah benua terbesar sedunia.

아시아는 전 세계에서 가장 큰 대륙이다.

* adalah　~이다

* benua　대륙

* terbesar　가장 큰

 접사편 106p 참고

Para guru SMA dari se-Indonesia akan mempelajari bahasa Korea di seminar.

인도네시아 전역의 고등학교 교사들이 세미나에서 한국어를 배울 것이다.

• guru　교사

• SMA

(Sekolah Menengah Atas 고등학교)

• mempelajari

~를 공부하다, 배우다

• bahasa Korea　한국어

• seminar　세미나

Dia setinggi saya.　그 사람은 키가 저만 해요.

≡ **Dia sama tingginya dengan saya.**　그 사람은 키가 저만 해요.

Kakaknya tidak sepintar adiknya.

형은 동생만큼 똑똑하지 않아요.

• kakak　형, 누나, 오빠, 언니

• pintar　똑똑한

• adik　동생

se- + 동사 ~하자마자 문어체

예 Sepulang kerja,
saya langsung menjemput anak saya di sekolah.

퇴근하자마자, 곧장 학교에 아이를 데리러 갑니다.

▶ pulang 집에 가다, 집에 오다
▶ pulang kerja 퇴근하다
▶ langsung 곧장, 직접 (형 direct, directly)
▶ menjemput 배웅 가다 (동 to pick up)
▶ anak 아이, 자식
▶ sekolah 학교

Setiba di rumah, saya mandi, lalu makan malam.

집에 도착하자마자, 샤워하고 나서 저녁을 먹습니다.

▶ tiba 도착하다
▶ rumah 집
▶ mandi 샤워하다
▶ lalu 그리고 나서
▶ makan malam 저녁 먹다

단어 밑줄 짝!

sebanyak
sejumlah
senilai

sebanyak, sejumlah, senilai 는 ~만큼 (많은), ~만큼의 가치를 뜻한다.

★ **Sebanyak 150 orang tewas dalam kecelakaan ini.**
이번 사고로 150명이 사망했습니다.　　(150명 되는 인원, 150명만큼 많은 인원)

- sebanyak + 숫자 + 단위　~만큼의 수, ~만큼의 ~
- orang　사람
- tewas　(사고로) 죽다

★ **Sejumlah mahasiswa ikut serta dalam demo menentang kenaikan harga BBM.**
대학생들이 기름연료값 상승에 반대하는 데모에 참여했습니다.

- mahasiswa　대학생
- ikut serta　~에 관여하다, 참여하다
- demo　데모(demonstrasi)
- menentang　~에 반대하다
- kenaikan　상승
- harga　가격
- harga BBM　연료값
- BBM (Bahan Bakar Minyak) 기름 연료

sejumlah는 beberapa 몇몇의, 몇개의와 비슷한 개념으로
일부~, 어느 정도의, 상당수의 라는 뜻이다.

★ **Lukisan ini senilai 10 juta Won.**
이 그림은 천 만원 상당의 가치를 갖고 있다.

- lukisan　그림
- nilai　가치
- juta　백만 (1,000,000)

 기본편 60p 숫자표 참고

접미사 -nya

문법적의미

① (이전에 언급된) 3인칭 소유격·목적격을 대신한다.

② 특정의 무언가를 가리킬 때 (영the)

③ 명사화 [동사 + -nya] ~하는 것

④ 부사어 -nya

미리보기

① bapak	아버지	→ bapaknya	(그/그녀의) 아버지
② televisi	텔레비전	→ televisinya	그 텔레비전
③ tidur	자다	→ tidurnya	잠이, 자는 게
④ seandainya	만약에		

3인칭 소유격

 Katanya, Aris mau ke Amerika, ya?

아리스 미국 간다며?

 Iya, dia mau ikut bapaknya.

어, 아버지 따라간대.

* katanya ～래, ～하대(제 3자에게서 들음)
* mau ke ～에 가다, ～에 가려고 하다
* ikut 따라가다, 따라서～를 하다
* bapak 아빠
* bapaknya = bapak dia = bapak Aris 아리스의 아버지 (자기 아버지)

3인칭 목적격

Lina mencintai Aris.

'리나'는 '아리스'를 사랑한다.

Lina benar-benar mencintainya.

'리나'는 '아리스'를 정말 사랑한다.

* mencintai ～를 사랑하다
* benar-benar 정말

앞 문맥에서 Aris에 대한 얘기가 나왔다면 뒤에서는
3인칭 Aris를 대신하여 -nya를 쓸 수 있다.

TVnya tidak dimatikan?

텔레비전 안 꺼?

* mematikan ～을 끄다 (수동태 : dimatikan)
* lupa 잊다

 O ya! Lupa.

아 맞다! 잊어버렸네.

TVnya는 두 사람이 모두 알고 있는 특정 TV를 말하는 것이다.

③ 형용사 or 동사 + -nya　　～하는 것(이) [형용사와 동사가 명사화 된다]

Semalam saya tidur di lantai. Tidurnya tidak nyenyak.

어젯밤에 바닥에서 잤어요. 잠이(자는 게) 편치 않았어요.

* semalam 어젯밤
* tidur 자다
* lantai 바닥
* nyenyak (인니어 : 형용사) 푹 (한국어 : 부사)
* tidur nyenyak 잠을 푹 자다

Jumlah produksi pabrik itu berkurang.
Berkurangnya jumlah produksi / menaikkan harga produknya.

그 공장의 생산량이 감소했다.
생산량 감소로 인해 제품 가격이 상승되었다.

(직역 : 그 생산량이 감소한 것이 그 회사의 제품 가격을 상승시켰다)

• jumlah 수, 양
• produksi 생산
• berkurang 줄다
• menaikkan 올리다
• harga 가격
• produk 제품

④ -nya 가 붙는 부사어

sepertinya = kayaknya (informal)　　　　　　　~인 것 같다, ~일 것 같다

Sepertinya kamu tambah gemuk, ya?
너 살 찐거 같애. 그렇지?

- seperti, kayak ~처럼, ~같은
- tambah + 형용사 더 ~해지다
- gemuk 뚱뚱한

Kayaknya aku berangkat hari Jumat ini.
이번주 금요일에 출발할 것 같아.

- berangkat 출발하다
- hari Jumat ini 이번주 금요일

kelihatannya　　　　　　　~해 보인다, ~인 것 같다

Mereka lagi pacaran, ya?
쟤네들 요즘 사귀지?

- pacaran 연애하다, 사귀다
- lagi pacaran 연애하는 중이다
- begitu 그러하다

Kelihatannya begitu.
그래 보여.

soalnya　　　　　　　(이유) ~ 해서 [구어로]

soal 은 문제라는 뜻으로, 영어의 문제는 말야, ~해서야 (the thing is~, the problem is~)
와 비슷하다.

Dia kenapa enggak masuk kerja hari ini?
(그 사람) 오늘 왜 출근 안 했지?

- kenapa 왜
- enggak masuk kerja 출근하지 않다
- hari ini 오늘

Katanya, kena flu, Pak.
감기 걸렸대요.

- katanya (다른 사람에게 들은 것을 얘기함)~하대요, ~래요
- kena flu 감기에 걸리다
- parah 심한

Parah, ya?
심각한가봐?

- pergantian musim 환절기
- sekarang 지금

Iya, kayaknya. Soalnya lagi pergantian musim sekarang.
　= Sekarang lagi pergantian musim, soalnya. 문미에 올 수도 있다.
네, 그런 것 같아요. 요즘 환절기라서 그런가봐요.

biasanya 보통

Biasanya saya bangun jam 6 pagi.

=Saya biasanya bangun jam 6 pagi.

=Saya bangun jam 6 pagi, biasanya.

저는 보통 6시에 일어나요.

- bangun 기상하다
- jam 6[enam] pagi 아침 6시

pada umumnya 일반적으로

Penyakit itu pada umumnya disebabkan oleh virus.

그 병은 일반적으로 바이러스에 의해 초래된다.

- penyakit 질병
- disebabkan oleh + 이유 ～에 의해 초래되다

intinya 핵심은～

Intinya, kita harus berpikir positif.

핵심은, 긍정적으로 생각해야 된다는 거야.

- harus ～해야 하다
- berpikir 생각하다
- positif 긍정적인
- berpikir positif 긍정적으로 생각하다

pokoknya (어쨌든, 다른거는 다 차치하고서라도) 중요한건～

Aduh, maaf. Aku enggak bisa ikut acara makan.

아이고, 미안. 나 회식에 참석 못할 것 같은데.

Bagaimana.....? semua orang menunggumu.
Pokoknya kamu harus datang.

어쩌지...? 다들 너 기다릴건데.
어쨌든 무조건 와야 돼!

- ikut 따라 가다, 함께 하다 (영to join)
- acara makan 식사 모임
- bagaimana 어떻게
- semua 모든
- orang 사람
- menunggu 기다리다 (어근 tunggu 구어 nunggu)
- menunggumu = menunggu kamu 너를 기다리다
- datang 오다

singkatnya = pendeknya = ringkasnya　　　　간략히 말하면

Singkatnya, pemerintah berencana memperbaiki
sistem pengaduan online hingga akhir tahun ini.
간략히 말해 정부는 올 연말까지 온라인 민원시스템을 개선시킬 예정이다.

- pemerintah 정부
- berencana 계획하다
- memperbaiki ～를 개선시키다
- sistem pengaduan 민원시스템
- hingga ～까지
- akhir tahun ini 올해 말
(akhir 끝, 말 tahun 년 akhir tahun 연말)

selanjutnya　　　　다음은 (～계속 이어지는 내용이 있음)

Selanjutnya, Bapak presiden direktur akan membicarakan agenda baru.
다음은 사장님께서 새로운 안건에 대해 말씀하시겠습니다.

- presiden direktur 사장
- membicarakan + 얘기할 거리 : ～에 대해 얘기하다
- agenda 안건
- baru 새로운
- agenda baru 새로운 안건

berikutnya　　　　다음에 오는

Minggu pertama, mereka akan mengunjungi tempat bersejarah.
Minggu berikutnya mereka akan berwisata ke luar kota.
첫 주에 그 사람들은 역사적인 장소를 방문할 것이다.
그 다음주에는 시외로 관광을 갈 것이다.

- minggu 주 (영 week)
- pertama 첫 번째의
- minggu pertama 첫 주
- mengunjungi ～를 방문하다
- tempat 장소
- bersejarah 역사가 있다
- tempat bersejarah 역사적인 장소
- berwisata ke ～로 관광을 가다
- ke luar kota 시외로
(ke luar 밖으로 kota 도시)

sebisanya

할 수 있는 만큼만

Jangan lembur terus. Sebisanya saja dulu. Sisanya dikerjakan besok.

야근 계속 하지마. 할 수 있는 만큼만 먼저 해. 나머지는 내일 하고.

- jangan 〜하지 마 (영 don't)
- lembur 야근하다
- terus 계속
- dulu (문미에서) 먼저, 일단
- dikerjakan 🐵 명령문 심화 참고 (능동 : mengerjakan 〜을 작업하다)
- besok 내일

masalahnya

문제는 〜 이다, 왜냐면 (영 the problem is〜 , the thing is〜)

Kenapa belum pulang?

왜 아직 집에 안 갔어?

- kenapa 왜
- pulang 집에 가다, 집에 오다

Belum selesai kerja. Masalahnya petugasnya sedang cuti.

아직 일이 안 끝났어. 담당자가 연차를 내서 말야.

- belum selesai 아직 끝나지 않다
- belum selesai kerja 일이 아직 다 안 끝나다
- petugas 담당자
- cuti (연차를 내서) 쉬다
- sedang + 동사 〜하고 있다

makanya

그러니까 (말이야), 내 말이 그 말이야

Mr. Kim selalu bikin orang stres.

김 과장님 때문에 맨날 스트레스야.

- selalu 항상
- bikin 〜하게 만들다 informal
- orang 사람
- stres 스트레스

Makanya, aku juga enggak pengin ngobrol sama dia.

그러니까 말이야, 나도 얘기하기가 싫더라구.

- pengin 〜하고 싶다 informal
- ngobrol 이야기 하다 informal
- sama informal 〜랑 (영 with)

sebaiknya

〜하는게 낫다

Kalau kamu sakit, sebaiknya (ber)istirahat di rumah.

아프면 집에서 쉬는게 낫지.

- kalau 〜이면, 〜라면 (영 if)
- sakit 아픈
- beristirahat 쉬다
- di 〜에서
- rumah 집

sebenarnya = sebetulnya   사실은

Sebenarnya saya tidak mau lembur, tapi ya...mau gimana lagi..?

사실은 야근하기 싫지만... 뭐.. 어쩌겠어요?

- tidak mau ～하고 싶지 않다, ～하려는 마음이 없다
- lembur 야근하다
- tapi 하지만 (=tetapi)
- mau gimana lagi? 다른 방법이 없다, 어쩔 수 없다
- bagaimana 어떻게, 어떠한 [bagemana > gimana] 생생구어

sesungguhnya   정말로, 진정으로, 사실은

Sesungguhnya aku masih mencintaimu.

사실 나 아직도 너를 사랑해.

- masih (시제부사) 여전히, 아직도
- mencintai ～를 사랑하다
- mencintai kamu= mencintaimu 너를 사랑하다

sejujurnya   솔직히, 사실대로 말하면

Sejujurnya saya tidak pantas memegang proyek itu.

솔직히 저는 그 프로젝트를 감당하기에는 적합하지 않습니다.

- pantas 적합한, 이치에 맞는
- memegang 잡다, 책임지다
- proyek 프로젝트

sepenuhnya   전적으로, 완전히

Penghargaan ini sepenuhnya berkat para fans saya.

이 상은 전적으로 저의 팬 여러분들 덕분에 받는 거라고 생각합니다.

- penghargaan 상
- berkat ～덕분에
- para fans 팬들

sebaliknya   반대로, 한편 (영 vice versa)

Menerjemahkan bahasa Korea ke (dalam) bahasa Indonesia dan juga sebaliknya adalah pekerjaan yang sangat sulit.

- menerjemahkan 번역하다.통역하다
- dalam bahasa Indoensia 인도네시아어로 (영 in Indonesian language)

한국어를 인도네시아어로 번역하거나,
그 반대로 인도네시아를 한국어로 번역하는 건
아주 어려운 작업이다.

- juga ～도 (영 as well, too)
- pekerjaan 일, 작업
- sulit 어려운

구문편 yang 176p 참고

selamanya 영원히

Aku akan mencintaimu selamanya.

난 널 영원히 사랑할거야.

- aku 나
- akan ～할 것이다
- mencintai ～를 사랑하다 (mencinatimu = mencintai kamu 너를 사랑하다)

selambatnya = paling lambat = selambat-lambatnya 아무리 늦어도

Paket ini harus sampai selambatnya hari Selasa depan.

이 소포는 아무리 늦어도 다음주 화요일에는 도착해야 합니다.

- paket 소포
- sampai **v** 도착하다 **adv** ～까지
- hari Selasa 화요일
- hari Selasa depan 다음주 화요일
  (depan 앞)

secepatnya = paling cepat = secepat mungkin 가능한 빨리

Tolong kerjakan laporan ini secepatnya.

이 보고서를 가능한 빨리 해 주세요.

- tolong + 동사어근 + -kan ～ 좀 해 주세요
- mengerjakan laporan 보고서를 작성하다

setidaknya =paling tidak = setidak-tidaknya 아무리 못 해도, 적어도

Tidak apa-apa. Setidaknya kamu tidak rugi.

괜찮아. 적어도 손해 본건 아니니까.

- rugi 손해보다
- tidak rugi 손해가 아닌

접환사 ber-an

ber- + 어근 + -an = 동사

문법적의미
① (자연상태, 현상) 연속적으로 ~하다
② 서로 ~하다

미리보기

① muncul	나타나다	bermunculan	(연속적으로) 나타나다
② gugur	(낙하) 떨어지다	berguguran	(우수수) 떨어지다
③ sebelah	옆, 측	bersebelahan	서로 옆에 있다
④ mesra	애정전선이 흐르는	bermesraan	(둘이서) 애정행각을 하다

1 muncul 나타나다 ~ bermunculan (연속적으로) 나타나다

ber- ✛ <u>muncul</u> ✛ -an
나타나다

Belakangan ini banyak boyband Indonesia bermunculan.

최근 인도네시아 남자아이돌그룹이 많이 등장하고 있다

* belakangan ini 최근에

* banyak 많은

* muncul 나타나다, 등장하다

2 gugur (낙하) 떨어지다 ~ berguguran (우수수) 떨어지다

ber- ✛ <u>gugur</u> ✛ -an
(위에서 아래로)떨어지다

Finalis Indonesian Idol berguguran satu per satu setiap minggu.

"인도네시안 아이돌" 결선 진출자들이 매주 한 명씩 탈락되었다.

* finalis 결선 진출자

* para peserta 참가자들

* satu per satu 하나씩

* setiap minggu 매주

* berguguran (낙엽이, 대회에서) 우수수 떨어지다

③ sebelah 옆, 측 ~ bersebelahan 서로 옆에 있다

ber- ✛ <u>sebelah</u> ✛ -an

옆

Rumah saya dan rumah teman saya bersebelahan.

우리 집은 제 친구 집하고 바로 옆에 있어요.

* rumah 집
* teman 친구

④ mesra 애정전선이 흐르는 ~ bermesraan (둘이서) 애정행각을 하다

ber- ✛ <u>mesra</u> ✛ -an

(서로) 애정행각을 하다

Mereka sedang bermesraan **di tempat umum.**

그 사람들은 공공장소에서 애정행각을 하고 있다.

* sedang + 동사 ~하고 있다
* tempat 장소
* umum 공공의, 일반의
* tempat umum 공공장소

접환사 ber-kan

ber- + 어근 + -kan = 동사

미리보기

① dasar	기초, 기본	berdasarkan	~를 기초로 하다
② tema	테마	bertemakan	~를 테마로 하다
③ mandi	샤워하다, ~로 가득하다	bermandikan	~로 가득하다
④ anggota	~를 회원으로 하다	beranggotakan	~를 회원으로 하다

1 dasar 기초, 기본 ~ berdasarkan ～를 기초로 하다

Berdasarkan data tersebut / hubungan kerjasama ekonomi Indonesia dan Korea / meningkat dalam dekade ini.

위 자료에 따르면 최근 10년간
인도네시아와 한국의 경제 협력 관계가 증진된 것으로 나타났다.

* data 자료
* tersebut 앞에서 언급된 (영 mentioned, the)
* hubungan kerjasama 협력관계 (hubungan 관계 kerjasama 협력)
* ekonomi 경제
* meningkat 증가하다 (어근 tingkat)
* dekade 10년
* dalam dekade ini 최근 10년 사이에(안에)
* dalam ～ 안에 (영 in)

2 tema 테마 ~ bertemakan ～를 테마로 하다

Film itu bertemakan nasionalisme.

그 영화는 애국심을 테마로 하고 있다.

* film 영화 [필름]
* nasionalisme 애국심

Langit malam itu bermandikan **cahaya bulan.**

그 날밤 하늘은 달빛으로 가득했다.

* langit 하늘
* malam 밤
* cahaya 빛
* bulan 달 (영moon)

Asosiasi itu beranggotakan **2000an orang.**

그 협회는 2천 여명을 회원으로 두고 있다.

* asosiasi 협회
* 2000an [dua ribu an] 2천 여명
* orang 사람, (단위) ～명

16

혼자서도
잘 나가는 동사

1 makan 먹다

Saya sedang makan roti.

저는 빵을 먹고 있어요.

* sedang + 동사 ～하고 있다
* makan 먹다
* roti 빵

2 minum 마시다

Mereka sedang minum teh.

그 사람들은 차를 마시고 있어요.

* minum 마시다
* teh 차

3 tidur 자다

Saya biasanya tidur jam 11 malam.

저는 보통 밤 11시에 잠자리에 들어요.

* biasanya 보통
* tidur 자다
* jam 11[sebelas] malam 밤 11시
* malam 밤

4 pulang 돌아가다, 돌아오다

Saya mau pulang dulu.

저 먼저 돌아 가보겠습니다.

* pulang (집에) 돌아 가다
* dulu (문미) 먼저

5 hidup 살다

Dia hidup sendiri tanpa keluarga.

그는 가족 없이 혼자 살아요.

* hidup 살다 (통 to live)
* sendiri 혼자
* tanpa ～없이 (통 excecpt for)
* keluarga 가족

6 pergi 가다

Saya pergi ke pasar untuk membeli buah.

과일을 사러 시장에 갔어요.

* pasar 시장
* membeli 사다
* buah 과일

7 naik 오르다, 올라타다, 상승하다

Tarif taksi akan naik mulai bulan depan.

다음 달부터 택시요금이 오를 거예요.

* tarif taksi 택시 요금
* mulai ～부터
* bulan depan 다음 달

8 suka 좋아하다

Saya suka minum kopi.

저는 커피 마시는 걸 좋아해요.

* suka 좋아하다 (격식 menyukai ～를 좋아하다)
* minum kopi 커피를 마시다

도착하다

Presiden Obama tiba di Seoul pada hari Sabtu lalu.

오바마 대통령이 지난주 토요일 서울에 도착했습니다.

* presiden 대통령

* tiba 도착하다(공식석상)

* hari Sabtu 토요일

* hari Sabtu lalu 지난주 토요일

* pada (전치사) 영어의 at, in(구어에서는 주로 생략)

CHAPTER 4
구문편

의문문

1-1 의문사

1 Siapa 누가

> **Siapa (pergi) ke bank?**
> 누가 은행에 갔습니까?
>
> **Anis.**
> 아니스가 은행에 갔습니다.

* pergi ke ～로, ～에 가다
(pergi를 생략하여 말할 수 있다)
* bank 은행

2 Kapan 언제

> **Kapan mau pulang ke Korea?**
> 언제 한국에 돌아 가실 겁니까?
>
> **Mungkin bulan depan.**
> 아마 다음달에 갈 것 같습니다.

* pulang ke ～로/～에 돌아 가다
* mungkin 아마
* bulan depan 다음 달 (bulan 달 depan 앞)

3 Di mana 어디서

> **Ibu tinggal di mana?**
> 어디에 사십니까?
>
> **Saya tinggal di Kemang.**
> 끄망에 삽니다.

* tinggal di ～에 살다
* Kemang 끄망 (자카르타에 있는 지역)

Apa ini? (= **Ini apa?**) 어순 자유로움

이거 뭐예요?

* ini   이 것 (영this)

 Itu (namanya) wayang.

그건 '와양'이라고 하는 거예요.

* wayang   와양, 그림자 인형(극)

* Itu namanya~   그건 ~라고 해요 (이름이 ~예요)

 인도네시아어를 빨리 배우려면 **꼭 알아야 할 표현!**

A : Ini bahasa Indonesianya apa?

　　이건 인도네시아어로 뭐라고 해요?

B : Itu namanya 'meja'.

　　그건 '메자'라고 해요.

• bahasa Indonesia

인도네시아어

• bahasa Indonesianya

그것의 인도네시아어는 ~

• meja 책상, 테이블

⑤ **Bagaimana**　어떻게

 Bagaimana kabarmu?

너 어떻게 지내?

* kabar   안부, 소식

* kabarmu = kabar kamu   네 소식

 Baik.

잘 지내.

문법Tip

Bagaimana kabarnya? 를 굳어진 인사표현으로서 2인칭의 상대방에게도 쓸 수 있다.

kabarnya = kabar dia (3인칭) 그/그녀의 안부

2인칭 당신, 너를 직접 언급하지 않고 부드럽게 말하기 위한 것

A : Bagaimana rasanya?
　맛이 어떻습니까?

B : Agak pedas.
　좀 맵네요.

• rasa 맛
• rasanya (어떤 특정 음식의) 맛
• agak 다소, 좀
• pedas 맵다

A : Aduh...... bagaimana, ya?
　아이고...... 어떡하지?

B : Enggak apa-apa.
　괜찮아.

• aduh 아...., 아이고
놀람, 당황스러움, 안타까움 등을
표현할 때 쓰는 감탄사

 **⑥ Kenapa** 왜

Kenapa kamu telat?
너 왜 늦었어?

* telat 늦다 (=terlambat)

Maaf, jalannya macet.
미안, 길이 좀 막혀서.

* maaf 미안하다
* jalan 길
* macet (길이) 막히다

 단어 밑줄 쫙!

Kenapa와 Mengapa　왜 라는 의미로 뜻은 같지만, **mengapa** 가 좀 더 격식을 갖춘 것
이라 할 수 있다.
일상 생활에서는 **kenapa**가 더 많이 쓰인다.

[7] Berapa 얼마(나) [가격, 시간, 기간 등 수와 관련된 것을 물을 때]

(1) 가격묻기

 Berapa (harga) roti ini?

이 빵 (가격이) 얼마예요?

(Ini berapa? = Berapa ini? 이거 얼마예요?)

* roti 빵

 Rp 15.000 (lima belas ribu)

15,000 루피아예요.

이 빵 얼마예요?

Rp 15.000

인도네시아 문화 단위

인도네시아는 우리와 달리 세 자리 단위를 점(.)으로 소수점은 쉼표(,)로 표시한다.

단위   . / ,

Rp 2.000 (dua ribu rupiah) 2천 루피아

3,5 (tiga koma lima)   3.5

인도네시아에서의
단위는 .과 ,로
구별하는 걸 기억해요~

(2) 사람 수 묻기

Ada berapa orang di sana?
거기 몇 명 있어요?

* ada 있다
* di sana 거기(에)

10 orang.
10명 (있어요).

* sepuluh 10
* orang 사람

(3) 시간 묻기

Berangkat jam berapa?
우리 몇 시에 출발합니까?

* berangkat 출발하다

Nanti jam 2(dua), Pak.
이따 2시에요.

* nanti 나중에
* jam (숫자 앞에서) ~시
* dua 2

A : Semalam kamu tidur berapa jam ?
너 어젯밤에 몇 시간 잤어?

B : 5(lima) jam.
5시간 (잤어).

• semalam 어젯밤
• tidur 자다
• jam (숫자 뒤에서) ~시간

(4) 몇 년도(시점) /몇 년(기간) 묻기

Tahun berapa kamu datang ke Indonesia?

너 인도네시아에 몇 년도에 왔어?

Tahun 2006 [dua ribu enam].

2006년도에 왔어.

* kamu (2인칭) 너
* datang ke ~에 오다
* ke (방향 전치사) ~로
* tahun + 숫자 몇 년도
* dua ribu enam 2006

Berapa tahun kamu belajar bahasa Indonesia?

너 인도네시아어 몇 년 공부했어?

Kira-kira 1(satu) tahun.

1년 정도 했어.

* belajar 공부하다
* kira-kira 대략, ~정도
* 숫자 + tahun 몇 년
* satu 1
* satu tahun = setahun 1년

(5) 얼마나 오래(시간, 기간) 묻기

Berapa lama Ibu akan tinggal di Indonesia?

인도네시아에 얼마나 오래 사실 생각이신지요?

Belum tahu.

아직 모르겠어요.

* akan ~ 할 것이다(예정, 계획, 공식적)
* tinggal di ~에 살다
* di (위치 전치사) ~에
* tahu 알다
* belum tahu 아직 모르다

Saya mau ke Bandung minggu depan.

저 다음 주에 반둥 갈 거예요.

O ya? Berapa hari?

아 그래요? 며칠이요?

2 hari.

이틀이요.

* mau ~하려고 하다
* mau ke ~에 가려고 하다
* Bandung 반둥
  서부 자와섬의 도시
* minggu depan 다음 주
  minggu 주 depan 앞
* 숫자 + hari 며칠
  2 (dua) hari 이틀

(6) 날짜 묻기

Tanggal berapa hari ini? (=Hari ini tanggal berapa?)
오늘 며칠이지?

* tanggal (명date)
* hari ini 오늘

27 (April).
(4월) 27일.

* dua puluh tujuh 27

---

8 Yang mana   어느 것

Kamu mau beli yang mana?
어느 거 살 거야?

* mau ~하려고 하다
* beli 사다
구문편 yang 176p 참고

Yang ini.
이거 살래.

★**Apakah** 문장에 따라 우리말의 ~입니까? 또는 ~습니까? 로 해석한다. 격식 & 강한 의문

영어의 does, do와 같은 문법적 의문사 기능을 한다.

예 **Apakah** dia istri Pak Suhandano? 격식
저 분은 수한다노 선생님의 부인입니까?

= **Apa** dia istri Pak Suhandano?

= Dia istri Pak Suhandano? 비격식

▷ istri 부인

Apakah kamu masih tinggal di Amerika? 격식 & 강한 의문
너 아직도 미국에 사는 거야?

= **Apa** kamu masih tinggal di Amerika?

= Kamu masih tinggal di Amerika? 비격식

▷ masih 여전히 (영 still)
▷ tinggal di ~에 살다
▷ Amerika 미국

아직도 미국에 살아?

후훗!

★kah 격식 & 강한 의문

예 **Bisakah kamu datang ke rumahku?**

너 혹시 우리 집에 올 수 있어?

= **Kamu bisa datang ke rumahku?** 너 우리 집에 올 수 있어? 비격식

(평서문에 의문억양만 넣은 의문문)

> Bisakah kamu datang ke rumahku?는 조금 더 조심스럽게 올 수 있을지 없을지 궁금해 하며 물어 볼 때 쓰는 표현.

▶ bisa 할 수 있다
▶ datang 오다
▶ datang ke rumah 집에 오다
▶ rumahku=rumah aku 우리 집

Haruskah saya ke sana?

제가 거기 꼭 가야 하나요?

= **Saya harus ke sana?** 비격식 (평서문에 의문억양만 넣은 의문문)

▶ harus ~해야 하다
▶ ke sana (pergi ke sana) ~거기에 가다

Maukah kamu jadi pacarku?   내 여자친구(남자친구)가 되어 줄래?

= **Kamu mau jadi pacarku?** 비격식 (평서문에서 문미 억양을 올려 비격식으로 표현)

▶ mau 원하다. ~하려고 하다
▶ jadi ~가 되다
▶ pacar 애인
▶ pacarku = pacar aku 내 애인

의문사 + saja		의문사 반복	
siapa saja	누구누구? 의문문	siapa-siapa	아무도
	누구든지 평서문		

1 Siapa   누구

(1) Siapa saja? 누구누구? 의문문 ⟨⇒ 대답 : 열거 ⟩

Siapa saja **yang datang?**

누구누구 왔어? (온 사람이 누구누구야?)

* datang 오다
* yang datang = orang yang datang 온 사람

Hari, Andri, Putri, terus... Nisa

하리, 안드리, 뿌뜨리, 그리고.... 니사.

* terus (구어에서 말을 이어갈 때) 그리고

siapa saja   누구든지 평서문

Siapa saja bisa mengikuti lomba nyanyi ini.
누구든지 이 노래 대회에 참여할 수 있습니다.

• mengikuti 참여하다(통 to join)
• lomba nyanyi 노래 대회

(2) Siapa-siapa 아무도 (~않다) 부정과 연결

Tidak ada siapa-siapa.
아무도 없어요.

* ada 있다
* tidak ada 없다

② Kapan 언제

(1) Kapan saja? » hari apa saja?

 Hari apa saja kamu masuk kerja?
너 무슨 무슨 요일 출근 하는데?

* masuk kerja 출근하다

 Setiap hari Selasa dan Kamis.
화요일 목요일 마다 출근해.

* setiap 매~ , ~마다 (영 every)
* (hari) Selasa 화요일
* (hari) Kamis 목요일

> **문법Tip**
> kapan saja 언제언제?는 잘 쓰이지 않고 주로
> hari apa saja? 무슨 요일(마다)?로 묻는다.

(2) Kapan-kapan 언제 한번, 언젠가 영some day

Kapan-kapan main ke rumah saya.
언제 한 번 우리 집에 놀러 와요.

* (ber)main 놀다
* main ke ~에 놀러 가다
* rumah 집
* rumah saya 우리 집

Ya. Kapan-kapan saya main ke rumah Bapak.
네. 언제 한 번 선생님 댁에 놀러 가겠습니다.

* rumah Bapak 선생님 댁

kapan mau nikah?
언제 결혼할 거니~~~~?

kapan-kapan
언젠간 하겠지~~~

3 Di mana 어디

(1) Di mana saja? 어디어디(있어요)?

Di daerah ini bengkel ada di mana saja?
이 동네에 정비소가 어디어디 있나요?

* daerah 지역
* bengkel 자동차정비소

Di dekat lapangan sepak bola ada. Di sebelah kampus juga ada.
축구장 근처에도 있고 학교 옆에도 있어요.

* lapangan 운동장
* sepak bola 축구
* juga ～도 (图as well)

Di mana saja 어디든지, 여기저기 [평서문]

Saya bisa menginap di mana saja,
yang penting nyaman.
저는 어디서든지 묵을 수 있어요. 편안하기만 하면 돼요.

• menginap 묵다
• yang penting 중요한 것은
• nyaman 편안한

---

(2) Di mana-mana 여기저기

Sekarang di Indonesia banjir di mana-mana.
지금 인도네시아는 여기저기 홍수가 났어요.

* sekarang 지금
* banjir 홍수

④ Ke mana 어디로

(1) Ke mana saja 어디 어디에?

Ibu, pernah ke mana saja?

(외국여행에 대해 묻는 맥락) 어디어디 가 보셨습니까?

* pernah ~ 한 적이 있다
* pernah ke ~에 간 적이 있다

Saya pernah ke Amerika, Spanyol, Korea...

미국, 스페인, 한국에 가 봤고....

Terakhir, saya ke Belanda.

가장 최근에는 네덜란드에 갔었어요.

* Spanyol 스페인
* ke (방향 전치사) ~에, ~로
* terakhir 가장 마지막 (최근에)
* Belanda 네덜란드

A : Sekarang mau jalan-jalan ke mana saja susah karena hujan terus.

요새는 놀러 좀 가려고 해도 어딜가나 다 힘들어.
계속 비가 와서 말이야.

B : Iya, betul.

그래, 맞아.

• hujan 비
• terus 계속(어떠하다, ~을 하다)
• jalan-jalan 놀러 다니다
• susah (상황이) 힘든
• karena ~때문에

---

(2) ke mana-mana 아무 데도~ (가지) 않다 부정과 연결

Kamu ke mana saja ?

너 어디어디 갔었어? ('대체 어디에 갔었냐'라는 의미로 강조)

Aku enggak ke mana-mana kok.

아무 데도 안 갔었는데.

단어 밑줄 짝!

kok kok (문미에서) 상대방의 말이 **의아하다**는 뉘앙스로 쓴다.

⑤ Dari mana 어디에서

(1) Dari mana saja *어디어디에서?* ⟨⇒ 대답 : 열거⟩

Mereka dari mana saja?

그 사람들 어디서 왔는데?
(어디에서 온 사람들인지 다 열거해 주길 기대함)

* mereka　(3인칭 복수) 그들

Dari negara-negara Asia.

Vietnam, Philipina, Thailand, dan Indonesia.

아시아에서 다들 왔어.
베트남, 필리핀, 태국, 인도네시아에서 왔어.

* negara　나라
* negara-negara　국가들

(2) Dari mana-mana *여기저기에서*

Mereka dari mana ?

그 사람들 어디서 왔는데?

* dunia　세계

Dari mana-mana. Dari seluruh dunia.

여기저기서 다 왔지. 전세계 사람들이 다 왔어.

* seluruh dunia　전 세계

6 **Apa** 무엇

(1) Apa saja? 뭐뭐? 의문문 〈⇒ 대답 : 열거 〉

Besok kita harus bawa apa saja?

내일 우리 뭐뭐 가져와야 돼?

* besok 내일 (가까운 미래 포함)

* harus ～ 해야 하다

* membawa (어근 bawa)가져 오다, 가져 가다

Jam tangan, pena, dan KTP.

시계, 펜, 그리고 민증 (가져 와야 돼).

* jam tangan 시계

* pena 펜

* KTP(Kartu Tanda Penduduk) 주민등록증

* kartu 카드 * tanda 표시 * penduduk 주민, 인구

---

apa saja 아무거나 평서문

A : Kamu mau makan apa?

뭐 먹을래?

B : Apa saja.

아무거나.

---

(2) Apa-apa 아무것도 ～없다, 뭐든지 부정과 연결

Ada apa saja di sana?

거기 뭐뭐 있는데? (열거)

* sana 거기

* di sana 거기에

Tidak ada apa-apa.

아무것도 없어. (별거 없어) (= Enggak ada apa-apa) 비격식

⑦ Berapa saja 몇 개든, 얼마든

문법Tip
berapa saja는 의문문으로 잘 쓰이지 않는다.

Boleh ambil berapa?

몇 개 가져갈 수 있어요?

* boleh   (허락) ~해도 좋다 (영 may)
* ambil   가져가다 (영 take)

Berapa saja boleh.

Semau kamu.

몇 개든 괜찮아.
너 가져 가고 싶은 만큼 가져가.

* semau kamu   니가 원하는 만큼

1-3 부가의문문 Bukan

1 bukan — 문미에서 부가의문문을 만든다.

Dompet ini punyamu, bukan?
이 지갑 네 지갑이지, 아니야?

* dompet 지갑
* punyamu = punya kamu 너의 것

Bukan. Itu dompet siapa, ya?
아니야. 그거 누구 지갑이지?

* siapa 누구

2 bukan의 줄임말 : kan

Dompet ini punyamu, kan?
이 지갑 네 지갑이지? (bukan을 쓸 때 보다 더 확신함)

O iya. Hampir ketinggalan.
아 맞아. 두고 갈 뻔 했네.

* hampir 거의
* ketinggalan (물건을 깜빡하고) 두고 오다

3 kan — 주어 뒤에서 ～잖아를 의미한다.

Jangan menggangu adikmu.

Dia kan **lagi belajar.**

동생한테 장난치지 마.
동생 지금 공부하잖아.

* jangan ～하지 마 (영don't)
* mengganggu 방해하다
* adik 동생
* adikmu = adik kamu 네 동생
* dia (3인칭) 그, 그녀
* lagi + 동사 ～ 하는 중이다
* belajar 공부하다

문법Tip

Dia kan lagi belajar. 걔 지금 공부하잖아. 주어 뒤에 **kan**을 넣어 평서문 ～잖아를 만든다.

A : Batas waktunya sampai hari Jumat ini, kan?
　　이번 주 금요일이 마감이지?

B : Tugas itu kan ditunda.
　　그 과제는 연기 됐잖아.

• batas waktu 마감시간
　(영deadline)
• ditunda 연기되다
　어근 tunda 연기하다
• sampai ～까지
• hari Jumat ini 이번주 금요일
• mengumpulkan ～을 제출하다
　어근 kumpul 모으다

접두사 72p meN- 참고

악! 숙제안했다!　　날짜 미뤄졌어 ㅎㅎ

문법

• 명사 부정어 **bukan**

bukan   ~가 아니다
명사 부정어

Kapak emas ini kapakmu?
이 금도끼가 네 도끼냐?

▶ kapak 도끼
▶ emas 금

Bukan, Pak. = Kapak itu bukan kapak saya.
아닙니다.   그 도끼는 제 도끼가 아닙니다.

Kapak perak ini kapakmu?
이 은도끼가 네 도끼냐?

▶ perak 은

Bukan, Pak.
아닙니다.

Kalau begitu, ini kapakmu, ya?
그럼 이 도끼가 네 도끼지?

Ya, betul, Pak.
네, 맞습니다.

▶ betul 맞다

수동태

능동태 : 주어가 어떤 일을 한다.
수동태 : 주어가 어떤 일을 당한다.

인도네시아어는 능동문의 주어^{동작주}의 인칭에 따라
수동 구문의 형태가 달라진다

능동			수동		
고양이가 쥐를 먹었다.			쥐가 고양이에게 먹혔다.		
Kucing	makan	tikus.	Tikus	dimakan	kucing.
고양이	먹다	쥐	쥐	먹히다	고양이
주어	동사	목적어		di-동사	

di- 수동태접두사
(능동문의 주어가 3인칭일 때)

미리보기

① 1인칭, 2인칭, 3인칭복수일 때 어순 주의

② 능동문의 주어가 3인칭 단수(dia)일 때 접두사 di-

답장 기다리겠습니다.

능동 Saya akan **menunggu** jawaban Anda
　　주어　시제부사　　동사　　　　목적어

mem- 접두사 + tunggu 어근

* akan ~할 것이다
* menunggu 기다리다
* jawaban 답장

수동 Jawaban Anda / akan saya tunggu.
　　　　시제부사　능동문의 주어　동사어근

1 인 칭

저희가 이미 이메일 답장을 드렸습니다.

능동 Kami sudah **membalas** email Anda.
　　주어　시제부사　　동사　　　목적어

mem- 접두사 + balas 어근

* kami 저희. 우리(청자 제외)
* sudah (시제 부사어)이미, 벌써
* membalas 답장하다

수동 Email Anda / sudah kami balas.
　　　　시제부사　능동문의 주어　동사어근

1 인 칭 복 수

한국회사가 이 길을 만들었습니다.

능동 Perusahaan Korea **membangun** jalan ini.
　　　　주어　　　　　　동사　　　　목적어

mem- 접두사 + bangun 어근

* perusahaan 회사
* jalan 길
* jalan ini 이 길
* membangun 세우다. 짓다

수동 Jalan ini / dibangun (oleh) perusahaan Korea.
　　　　　　　di- + 어근　　　　능동문의 주어

* oleh ~에 의해(생략가능)

3 인 칭 단 수

173

3인칭 복수 **mereka** 는 아래와 같이 두 가지 수동문 유형이 다 가능하다.

★능동문의 주어가 3인칭 복수 **mereka** 그들 일 때

예 능동 Mereka membuat **masakan** ini.   그 사람들이 이 요리를 만들었다.

수동 Masakan ini dibuat mereka.

구어 Masakan ini mereka (yang) buat.

yang 을 넣어 그 사람들이 만들었다는 것을 강조

▶ membuat 만들다 (어근 buat)
▶ masakan 요리
▶ masakan ini 이 요리

★능동문의 주어가 길 경우, 수동태 접두사 **di-**를 쓴다.

예 능동 Para pekerja asing yang tinggal di Ansan / membuat masakan ini.
　　　　　　　　주 어　　　　　　　　　　　　　　동 사　　　목 적 어

···▶ 안산에서 사는 외국인 근로자들이 / 이 요리를 만들었다.

수동 Masakan ini　dibuat　para pekerja asing yang tinggal di Ansan.
　　　목 적 어　　동 사　　　　　　　주 어

···▶ 직역 : 이 요리는 안산에서 사는 외국인 근로자들에 의해 만들어 졌다.

▶ para + 사람 ∼들
▶ pekerja 근로자
▶ tinggal 살다
▶ di (위치 전치사)∼에

★ 능동문의 동사에 접환사 meN-kan, meN-i 가 있을 경우

예 **능동** Kita   harus   **melestarikan**   lingkungan alam.
　　　　주어　　조동사　　　동사　　　　　목적어

⋯➤ 우리는 자연환경을 보전해야 한다.

수동 Lingkungan alam harus **dilestarikan**.
　　　　　　주어　　　　　　　　　di-동사

⋯➤ 자연환경은 보전되어야 한다. (일반 사람들에 의해 행해지는 일이므로 동작주가 생략됨)

kita를 쓰고 싶을 때는 :

Lingkungan alam harus   kita   lestarikan.
　　　　　　　　부사　 능동문 주어　 어근+접미사

▶ harus ～해야 하다
▶ melestarikan ～을 보전하다
▶ lingkungan 환경
▶ lingkungan alam 자연환경

능동 Kita harus **menghargai** orang yang lebih tua.
　　　주어　　　　동사　　　　　목적어

⋯➤ 우리는 (우리보다) 나이가 더 많은 사람들을 존중해야 한다.

수동 Orang yang lebih tua harus **dihargai**.
　　　　　　주어　　　　　　　　di-동사

⋯➤ 직역 : (우리보다) 나이가 더 많은 사람들은 존중되어야 한다.

kita를 쓰고 싶을 때는 :

Orang yang lebih tua harus   kita   hargai.
　　　　　　　　　　부사　 능동문 주어　어근+접미사

▶ menghargai ～를 존중하다
▶ lebih 더 ～한
▶ tua 나이 든

3

관계절을 이끄는 yang

3-1 yang의 개념

① 명사 + **yang** + 형용사   은/는, -ㄴ

형용사가 명사를 꾸며 그 의미를 한정시킬 수 있게 돕는다.
우리말의 은/는, -ㄴ 과 같은 관형사형 어미 역할을 한다.

kue yang enak

맛있는 과자

* kue 과자
* enak 맛있다

kamar yang besar

큰 방

* kamar 방
* besar 크다

② 관계절을 이끌어 주어 또는 목적어를 한정시킨다.

(1) 주격관계절을 이끈다

Para wisatawan yang sedang mengunjungi Yogyakarta itu /

핵심주어   yang이 이끄는 주격 관계절

menikmati perjalanannya.

서술부

족자카르타를 방문하고 있는 관광객들은 / 여행을 즐기고 있다.

* para wisatawan 관광객들
* wisatawan 관광객
* mengunjungi ~를 방문하다
* menikmati 즐기다
* perjalanan 여행

177

(2) 목적격 관계절을 이끈다

Saya **harus mengembalikan** **buku** **yang saya pinjam dari perpustakaan.**
주어 서술부 목적어 yang이 이끄는 목적격 관계절

나는 도서관에서 빌린 책을 반납해야 돼요.

🐵— 구문편 수동태 172p를 다시 한번 더 참고 해 보자!

* harus ~해야 하다
* mengembalikan buku 책을 반납하다 (어근 kembali)
* pinjam 빌리다
* perpustakaan 도서관

---

③ **yang** 이하 관계절의 꾸밈을 받는 사람이나 사물이 맥락속에서 공유되면 생략가능하다.

> **문법Tip**
> 영어에서 사물의 이름을 반복적으로 쓰지 않고 **the one~**으로 받아 쓰는 개념으로
> 이해 하면 된다.

Orang yang memakai kacamata / dari Semarang, sedangkan orang yang memakai topi / dari Solo.

= Yang memakai kacamata / dari Semarang, sedangkan yang memakai topi / dari Solo.

안경을 쓴 사람은 스마랑에서 왔고, 모자를 쓴 사람은 솔로에서 왔어요.

* (berasal) dari ~출신이다, ~에서 오다
* memakai (안경을, 모자를) 쓰다 (어근 pakai)
* kacamata 안경
* topi 모자
* A ~, sedangkan＋B (비교 · 대조)A는 ~하고, B는 ~하다
* Semarang, Solo 스마랑, 솔로 자와섬에 있는 도시

Saya punya dua koper.

저는 기내용 가방을 두 개 가지고 있어요.

Satu koper berwarna hitam, dan satu koper lagi berwarna biru.

하나는 검정색이고, 또 하나는 파란색이에요.

=Yang satu / berwarna hitam, dan yang satu lagi / berwarna biru.

* punya 가지고 있다 (영 to have, 격식 mempunyai)

* koper 기내용 가방

* warna 색깔

* berwarna ～색깔을 갖고 있다

* hitam 검정

* dan (영 and) 그리고

* biru 파랑

영어의 it~ that~ 구문과 비슷한 용법이다.

■ **주어를 강조**

Orang-orang itu membuat perusahaan ini menjadi lebih terkemuka di tingkat internasional.

그 사람들은 이 회사를 세계적인 수준의 선진기업으로 끌어올렸다.

Orang-orang itulah yang membuat perusahaan ini menjadi lebih terkemuka di tingkat internasional.

그 사람들이 바로 이 회사를 세계적인 수준의 선진기업으로 끌어올린 장본인이다.

* orang-orang 사람들(orang 사람)
* membuat 만들다
* perusahaan ini 이 회사
* menjadi ~가 되다
* terkemuka 유명한, 선도하는
* tingkat 레벨
* internasional 국제적인
* di tingkat internasional 세계적인 수준에서

■ **목적어를 강조**

Semua karyawan perusahaan kita harus memiliki ketulusan hati.

우리 회사의 전 직원은 진정성을 가져야 합니다.

Ketulusan hatilah yang harus dimiliki semua karyawan perusahaan kita.

진정성이야 말로 우리 회사의 전 직원이 갖추어야 할 것입니다.

* semua 모든
* karyawan 직원
* harus ~해야 하다

* memiliki ~를 소유하다 (어근 milik)
* dimiliki (수동)

5 ~yang ~nya 구문 (~의) ~가 ~한

영어의 소유격 관계대명사 개념과 비슷

Dia membeli <u>suvenir</u>. 그는 기념품을 샀다.

Harga suvenir itu / <u>sangat mahal</u>. 그 기념품의 가격은 아주 비싸다.

Dia membeli <u>suvenir yang harganya sangat mahal</u>.

그는 가격이 아주 비싼 기념품을 샀다.

* membeli 사다
* harga 가격
* suvenir 기념품
* sangat (형용사 앞에 위치)아주
* mahal 비싼

181

3-2 yang관계절의 어순

1 주격관계절을 이끄는 yang

(1) 핵심주어 + yang + 능동 동사 + 목적어 / + 서술어(동사·형용사)

<u>Novel</u> yang membuat saya terharu /
핵심주어⌣   능동동사   목적어

berjudul "Look After Mom".

직역 : <u>나를 감동하게 만든 소설은</u> / "엄마를 부탁해" 라는 제목을 갖고·있다.

* novel 소설
* membuat 만들다
* terharu 감동한
* berjudul 제목을 갖고 있다(제목이 ~이다)

---

(2) 핵심주어 + yang + di- 수동동사 + 3인칭주체 / + 서술어(동사·형용사)

<u>Novel</u> yang ditulis oleh seorang pengarang wanita ini /
핵심주어⌣   수동동사   3인칭주체 (~에 의해)

berjudul "Look After Mom".

이 여성작가가 쓴 소설은 / "엄마를 부탁해" 라는 제목을 갖고 있다.

* novel 소설
* tulis 쓰다
* ditulis 쓰여지다
* di- 수동태 접두사
* oleh ~에 의해
* seorang 누군가, 어느 한 사람
* pengarang 작가
* wanita 여성
* judul 제목

(1) 주어 + 본동사 / + 목적어 + yang + 능동동사 + 목적어 + (부사구)

Perusahaan itu merekrut / orang yang mempunyai pengalaman
주어 　　　　　 본동사 　　 목적어 　　　 능동동사 　　　 목적어

di sektor pembangunan.
　　 부사구

그 회사는 건설분야에 경험이 있는 사람을 채용했다.

* perusahaan 회사
* merekrut 채용하다
* orang 사람
* mempunyai ~을 가지다
* pengalaman 경험
* sektor 분야
* pembangunan 건설

(2) 주어 + 본동사 / + 목적어 + yang + di-수동동사 + 3인칭 주체

Dia membalas e-mail yang dikirim (oleh) temannya.
주어 　　 본동사 　　 목적어 　　　　 수동동사 　 3인칭 주체 (~에 의해)

그는 친구가 보낸 이메일에 답장을 했다

이메일에 답장을 못 했네
ㅠ.ㅠ

* membalas 답장하다
* kirim 보내다
* dikirim 보내지다(di- 수동접두사)
* teman 친구
* temannya = teman dia 그의 친구

(3) 주어 + 본동사 + 목적어 + yang + 1, 2인칭 주체 + 동사어근(-접미사)

Dia sudah membaca / buku yang saya pinjamkan kemarin.
주어   본동사   목적어   1인칭   동사어근(-접미사)
                                    주체

그는 내가 지난번에 빌려 준 책을 다 읽었다.

* sudah (시제 부사어) 이미, 벌써
* membaca 읽다
* meminjamkan 빌려주다 (어근 pinjam)
* buku 책
* kemarin 지난번에, 어제

Saya meminjamkan buku kepada dia kemarin.
나는 지난번에 그에게 책을 빌려주었다.

Dia sudah membaca buku itu.
그는 그 책을 다 읽었다.

•◦❯ Dia sudah membaca buku yang saya pinjamkan kemarin.
그는 내가 빌려준 책을 다 읽었다.

yang이 이끄는 관계절에서 시제부사는 어디에 위치할까?

1 핵심주어 ✛ yang ✛ 시제부사 ✛ 수동동사 di ✛ 3인칭주체 / 서술어
(동사 · 형용사)

예 Novel yang **sedang** dibaca Rina / sangat terkenal.

Rina가 읽고 있는 소설은 아주 유명하다.
(직역 : Rina에 의해 읽혀지고 있는 소설은 / 아주 유명하다)

2 주어 ✛ 본동사 ✛ 목적어 ✛ yang ✛ 시제부사 ✛ 1 · 2인칭 주체 ✛ 동사어근
(-접미사)

예 Dia menunggu paket yang **akan** saya kirim besok.

그는 내가 내일 보낼 예정인 소포를 기다린다.

▶ menunggu 기다리다 (어근 tunggu)
▶ paket 소포
▶ kirim 어근 보내다
▶ besok 내일(가까운 미래포함)

3-3 yang이 들어간 의문문

1 의문사 + **yang** + 수동동사

Lina membaca apa?
리나는 무엇을 읽고 있어요?

Lina membaca novel.
리나는 소설을 읽고 있어요.

* membaca 읽다
* novel 소설

Apa yang dibaca **Lina?**
　　　　　수동동사

리나가 읽는 게 뭐예요?

Lina membaca novel. 능동
리나는 소설을 읽고 있어요.

Yang dibaca Lina adalah novel. 수동
리나가 읽는 것은 소설이에요.

능동 **Saya harus melakukan apa?**
　　제가 무엇을 해야 하나요?

• harus ~해야 하다
• melakukan ~을 하다

수동 ═ **Apa　yang　harus　saya　lakukan?**
　　　　　　　　　조동사　1인칭　동사어근 + 접미사

186

② 의문사 + **yang** + 능동동사

apa yang~   (다른 것도 아닌 대체) 무엇이

Apa yang membuat kamu kaget?
능동동사

직역 : 뭐가 널 놀라게 했어? (너를 놀라게 한 게 뭐야?)
의역 : 너 뭐 때문에 놀란 거야? (= Kenapa kamu kaget?)

* membuat 만들다
* kaget 놀라다
* membuat + 사람 + 형용사 ～를 ～하게 만들다

너 뭐 때문에 놀란 거야?

siapa yang~   (다른 사람이 아닌 대체) 누가

Siapa yang mengajak kamu menonton film?
능동동사

누가 너한테 영화 보자고 한 거야?

* mengajak ～하자고 하다(초대하다)
* menonton ～를 보다 (영 to watch)

명령문

 접사편-동사 146p 참고

1 동사로 만드는 명령문

Makan!
먹어

Ayo, makan!
어서 먹어.

* ayo (청유)어서 ~

Besok masuk jam 7 pagi, ada rapat.
내일 아침 7시에 출근하도록 해. 회의 있어.

- besok 내일
- masuk 들어 가다, 들어 오다
  (masuk kantor 출근하다)
- jam 7[tujuh] pagi 아침 7시
  - pagi 아침
  - ada 있다
  - rapat 회의

■ **접미사가 있는 동사의 경우**

di ✚ 어근 mati ✚ 접미사(-kan)

→ dimatikan 꺼지다 (누군가 끈 사람이 있음)

- mematikan (불을) 끄다
- lampu 불 (영 lamp)

Saya mematikan lampu.
저는 불을 끕니다.

평서문 Dimatikan saja lampunya. 명령문 심화 193p 참고
명령문 (Dimatiin saja lampunya.) 구어
불 꺼!

② 완곡한 명령어 silakan VS tolong

Silakan ✚ 동사   (그렇게) ~하세요

Silakan masuk.	들어오세요.
Silakan duduk.	앉으세요.
Silakan makan.	드세요.

* masuk 들어오다. 들어가다
* duduk 앉다
* makan 먹다

Tolong ✚ 동사 어근 ✚ -kan (부탁) ~좀 해 주세요

Tolong bukakan pintu.
문 좀 열어 주세요.
(양손에 짐이 있어 문을 열지 못해 다른 사람에게 부탁함)

Tolong panggilkan taksi.
택시 좀 불러 주세요.
(택시를 직접 부를 수 없어서 다른 사람에게 대신 좀 불러 달라고 하는 상황)

• buka 어근 열다
(membuka 격식)
• membukakan
(~를 위해)열어 주다
• pintu 문

• panggil 어근 부르다
(memanggil 격식)
• memanggilkan
(~를 위해)불러 주다

문법

Tolong ✚ 동사어근 ✚ -kan ➡ 일상생활에서는 **Tolong + 동사어근 + in**

Tolong **buka**kan pintu.	문 좀 열어 주세요.	격식
Tolong **buka**in pintu.	문 좀 열어 줘.	비격식
Tolong **panggil**kan taksi.	(저 대신) 택시 좀 불러주세요.	격식
Tolong **panggil**in taksi.	택시 좀 불러 줄래?	비격식

③ **jangan** + 동사 　～하지 마(세요)

Jangan membuang sampah di sini.

이 곳에 쓰레기를 버리지 마세요.

Jangan membuang sampah di sini.

* membuang 버리다

* sampah 쓰레기

* di sini 여기에

활용표현

• **Jangan**을 이용한 유용한 표현!

| 잊지 마세요! | Jangan lupa! | ▷ lupa 잊다 |
| 늦지 마세요! | Jangan telat! | ▷ telat 늦다 |

아무한테도 말하지 마!　Jangan bilang kepada siapa-siapa.

게으름 피우지 마!　Jangan bermalas-malasan!

▷ bilang 말하다(영 to say)

▷ kepada ～에게

▷ bermalas-malasan 게으름 피우다

▷ malas 게으른

Dilarang **masuk.**   출입금지, 진입금지

Dilarang **merokok.**   흡연금지

Dilarang **parkir di sini.** 주차금지

Dilarang **kencing di sini.** 노상방뇨금지

* masuk 들어 가다, 들어 오다

* merokok 담배를 피우다

* parkir 주차하다

* di sini 여기(에)

* kencing 소변보다

인도네시아 문화 남자 출입 금지!

남자 출입 금지!

무슬림이 많은 인도네시아에서는 여자들이 사는 자취집이나 하숙집에 가면 이런 말을 볼 수 있다.

Cowok dilarang masuk.   남자출입금지

* cowok (젊은)남자

* melarang 금지하다 (어근 larang)

* dilarang 금지되다 (수동)

심화 **Tolong**이나 **수동태 명령문**

 **Siapkan** laporannya sampai besok pagi.

내일 아침까지 보고서 준비하도록 해.

Tolong siapkan laporannya sampai besok pagi.

내일 아침까지 보고서 준비하도록 해요.

Tolong disiapkan laporannya sampai besok pagi. 수동태

내일 아침까지 보고서 준비 부탁해요.

▶ siap 준비하다
▶ menyiapkan ～을 준비하다 (명령할 때는 siapkan!)
▶ laporan 보고서
▶ laporannya (특정, 그) 보고서
▶ sampai ～까지
▶ besok pagi 내일 아침

 인도네시아에서는 Tolong 이나 수동태 명령문을 쓰면 듣는 사람에게 완곡하게 들리기 때문에 일을 부드럽게 진행할 수 있다.
수동태 명령문을 쓸 경우 부탁을 받는 사람도 누군가가 일을 시켜서 한다는 느낌을 덜 받게 된다.

5

비교구문

숙어라고 생각하면 편한 비교 표현들.

1 lebih A(형용사) daripada B(형용사)　　B보다 더 A하다

Rio lebih tinggi daripada Putri.
　　　더 ~한　　　　　　~ 보다

'리오'가 '뿌뜨리' 보다 더 키가 크다.

Rio　　Putri

* lebih + 형용사　더 ~하다
* tinggi　키가 큰
* daripada　~보다
* jauh lebih~　훨씬 더 ~한

2 lebih memilih A(명사) daripada B(명사)　　B보다 A를 더 선호하다

Saya lebih memilih Indomie daripada Mie Sedap.
　　~를 더 선호하다　　　　　　　　　~보다

저는 Mie Sedap 보다 Indomie를 더 선호해요

mi goreng 볶음면

* memilih　선택하다
* lebih memilih　선호하다 (구어 lebih senang ~가 더 좋다)
* Indomie 인도미 Mie Sedap 미 스답　인도네시아의 대표적인 인스턴트 라면

③ A **dan** B **sama –nya**　A와 B는 똑같이 ～하다, ～가 똑같다

Dewi dan Santi sama cantiknya.　A와 B는 비교대상
　　　　　　　똑같이 ～하다

'데위'와 '산띠' 둘 다 예쁘다. (누가 더 예쁘다고 할 수 없음)

* sama 같은
* cantik 예쁜
* cantiknya 예쁜 것이

④ A(명사) **sama dengan** B(명사)　A와 B는 같다.

Harga baju ini sama dengan **harga baju itu.**
　　　　　　　　～와 같다

이 옷의 가격은 저 옷의 가격과 같다.

* harga 가격
* baju (윗)옷
* sama dengan ～와 같다

sama
똑같아...

내가 예뻐 전 여친이 예뻐?

5 A (명사) **kurang ~ daripada** B(명사)   A는 B보다 덜 ～하다

Kain ini kurang halus daripada kain itu.
덜 ～하다   ～ 보다

이 천은 저 천 보다 덜 부드럽다.

* kain 천 (영 cloth)
* halus 부드러운
* kurang ～이 부족한, 덜 ～한

batik tulis 바띡 수작업

6 **paling** + 형용사 = **ter-** + 형용사   가장 ～한

Anak saya yang paling pintar di kelasnya.
가장 ～한

우리 애가 자기네 반에서 제일 똑똑해요.

* anak 아이
* anak saya 우리 아이(자식)
* paling 가장 ～한
* pintar 똑똑한
* kelas 교실, 수업

Dia tertinggi di kelasnya.
그 아이는 자기네 반에서 키가 제일 커요.

≡ Dia paling tinggi di kelasnya. 구어

• penting 중요한
• usaha 노력
(berusaha 노력하다)

Yang paling penting / adalah usaha.
가장 중요한 건 노력입니다.

문법Tip
구어에서는 **paling** + **형용사**를 더 많이 써요.

6

전치사(구)

6-1 위치 / 방향 / 장소

① di　　～에

🧑 **Adikmu** di mana?
네 동생 어디 있어?

👩 Di **kamar.**
방에요.

* adik 동생
* kamar 방

② di atas　～위에

🧑 **Kunci mobilku** di mana, ya?
내 차 열쇠 어디 있지?

👩 **Tadi aku lihat** di atas **meja.**
아까 테이블 위에 있는 거 봤어.

* atas ～위
* kunci 열쇠
* mobil 차
* tadi 아까
* lihat 보다
* meja 테이블

③ di bawah　～아래에

Anjingku lagi tidur di bawah **meja.**
우리 강아지는 지금 테이블 밑에서 자고 있어요.

* bawah ～아래
* anjing 개, 강아지
* lagi + 동사 ～하는 중이다
* tidur 자다

4 (di) antara A dan B A와 B사이에

Burung ada di antara kucing dan anjing.

새가 고양이와 강아지 사이에 있어요.

* burung 새
* kucing 고양이
* anjing 개

Ada apa antara Lina dan Aris?

리나하고 아리스 사이에 무슨 일이 있어?

* dan ～와/과, 그리고 (영)and

5 di sebelah kiri 좌측에

Bank ABC itu ada di sebelah kiri klinik dokter gigi.

ABC은행은 치과 좌측에 있어요.

* bank 은행
* ada 있다
* klinik 클리닉
* dokter gigi 치과 (dokter의사 gigi 치아)

6 di sebelah kanan 우측에

Di sebelah kanan jalan itu banyak toko baju.

우측길에 옷 가게가 많아요.

* jalan 길
* banyak 많은, 많다
* toko 가게
* baju (윗)옷

7 di samping ~옆에

Pom bensin itu ada di samping rumah sakit Bahagia.

주유소는 '행복' 병원 옆에 있어요.

* pom bensin 주유소
* rumah sakit 병원

8 (di) sekitar 근처(에)

Di sekitar sini ada ATM, tidak?

이 근처에 ATM이 있나요? (없나요?)

* sini 여기

9 (di) dekat 가까이(에)

Kantor polisi itu ada di dekat rumah makan Padang

그 경찰서는 파당 음식점 근처에 있어요.

* kantor polisi 경찰서
* rumah makan 식당
* Padang 파당(수마트라섬의 도시 중 하나)
(읽기 : 빠당 / 쓰기 : 파당)

⑩ (di) dalam   ~안(에)

(Di) dalam tasmu ada apa? Kok berat sekali?

너 가방안에 뭐 들었어? 왜 이렇게 무겁냐?

* tas 가방
* tasmu = tas kamu 네 가방
* kok (문두)어라, 의아함을 나타냄
* berat 무거운
* sekali (형용사 뒤에 위치) 아주

⑪ di depan ⟷ di belakang   앞에 ⟷ 뒤에

Toiletnya ada di depan dan di belakang.

화장실은 앞에도 있고 뒤에도 있어요.

* toilet 화장실

⑫ di seberang (jalan)   (길) 건너편에

Sekolah Dasar itu ada di seberang jalan.

그 초등학교는 길 건너편에 있어요.

* SD (Sekolah Dasar) 초등학교
(sekolah 학교 dasar 기초)

13 di luar   밖에(서)

Saya tunggu di luar, ya~.
저 밖에서 기다릴게요~.(알겠죠?)

* tunggu 기다리다

14 dari   ～에서 (영from)

 Kamu dari mana?
너 어디 갔다 오는길이야?

 Dari perpustakaan.
도서관에서 오는 길이야.

* perpustakaan 도서관

15 ke   (방향)～로, ～에 (가다)

 Mau ke mana?
어디 가?

 Mau ke kantor.
회사에 가려고.

* mau ～하려고 하다. ～하고 싶다
* kantor 사무실

16 ke luar　밖으로 (나가다)

 Ada Pak Kim?
김 선생님 계십니까?

 Tidak ada di tempat. Baru ke luar.
자리에 안 계십니다. 방금 나가셨습니다.

* tempat 자리, 장소

17 sepanjang　～내내, 쭉

Dilarang parkir sepanjang jalan ini.
이 길에 주차를 하시면 안 됩니다.

* dilarang 금지되다
* parkir 주차하다

Waduh kok begini ya. Panas terus sepanjang tahun!
아이고... 왜 이러냐. 일년 내내 계속 덥네!

Aku tidak ke mana-mana sepanjang hari (=seharian).
나 하루 종일 아무데도 안 갔어.

• waduh 아이고
감탄사 aduh에 비해 과장된 감탄사

• kok (문두에서) 어라?

• begini 이렇다

• panas 더운

• terus 계속

18 kepada ～에게

Saya ingin mengirim paket kepada teman saya di Australia.

호주에 있는 제 친구에게 소포를 보내고 싶습니다.

* ingin ～하고 싶다(문체,격식)

* mengirim 보내다

* paket 소포

* kepada ～에게

* teman saya 제 친구

* Australia 호주

19 pada + 동사/(행동, 현상과 관련된) 형용사   ～하는 상태, ～인 상황이다

Kamu sudah mengajak teman-temanmu?

친구들 초대 다 했어?

Sudah. Tapi mereka pada tidak bisa datang.

했어요. 근데 다들 못 와요.

* mengajak ～하자고 하다, 초대하다

* tapi(=tetapi) 하지만

* tidak bisa 할 수 없다

* datang 오다

Kenapa?

왜?

Pada sibuk, mereka. Katanya, harus kerja.

다들 바빠요. 일해야 된대요.

* sibuk 바쁜

* katanya ～라고 하다, ～대
(영 they say, she / he says)

6-2 방법

① lewat   ～을 통해 (=via) , (방편)～로 ; ～를 지나

Saya akan memberitahu lebih lanjut <u>lewat email</u>

이메일로 더 자세히 알려드리겠습니다.   = via email

* akan ～할 것이다
* memberitahu 알려주다
* lebih lanjut 더 나아가서, 더 자세히

Kalau lewat jalan ini, lebih cepat. 비경시

이 길을 지나가면 더 빨라요.

≡ Kalau melewati jalan ini, lebih cepat. 경시

• jalan ini 이 길
• lebih 더～하다
• cepat 빠른

② melalui   ～을 통해 (영 through)

Kami berharap persahabatan kedua negara menjadi

lebih erat melalui pertemuan ini.

이번 회의를 통해 양국의 우정이 더욱 더 긴밀해 지기를 바랍니다.

* kami 저희, 우리(청자 제외)
* berharap 바라다
* persahabatan 우정
* kedua negara 양국
* menjadi ～가 되다
* erat 긴밀한, 가까운
* pertemuan 회의, 만남

6-3 말하려고 하는 대상

1 tentant   ～에 대해

Saya kurang tahu tentang soal ini.

저는 이 문제에 대해 잘 몰라요.

도대체 아는 건 뭐야?

* kurang tahu 잘 모르다
(tahu 알다 kurang 덜~한, 모자란)
* soal 문제

2 mengenai   ～에 대한

Mereka akan membuat laporan mengenai isu itu.

그들은 그 이슈에 대한 보고서를 작성할 것입니다.

* membuat laporan 보고서를 만들다
(membuat 만들다 laporan 보고서)
* isu 이슈

3 berhubungan dengan   ～와 관련하여

Berhubungan dengan agenda itu, kami akan mengadakan

rapat umum.

그 안건과 관련하여, 저희가 총회를 열겁니다.

* agenda 안건
* mengadakan ～을 열다
* rapat 회의
* rapat umum 총회

4 akan ~에 있어서, ~에 대한 (영 on ~에 대한)

Kebijakan pemerintah Indonesia akan kenaikan BBM /
belum diketahui secara jelas.

기름연료값 상승에 대한 인도네시아 정부의 정책이/
아직 분명히 알려지지 않았다.

* kebijakan 정책
* pemerintah 정부
* kenaikan 상승
* BBM(Bahan Bakar Minyak) 기름연료
* belum diketahui 아직 알려지지 않았다
* secara jelas 분명하게

Indonesia kaya akan sumber daya alam,
sedangkan Korea kaya akan teknologi.

인도네시아는 자연자원이 풍부하고, 한국은 기술이 풍부하다

• sedangkan
(대조) ~한 반면,
A는 ~고/~인데, sedangkan B는 ~다
• kaya 풍요로운, 부자인
• sumber daya alam 자연자원
• teknologi 기술

5 terhadap ~에 대해 (영 against)

Perhatian terhadap masalah lingkungan / semakin bertambah.

환경문제에 대한 관심이 / 점차 증가하고 있다.

* perhatian 관심
* masalah 문제
* lingkungan 환경
* semakin 점점 더~하다
* bertambah 많아지다

6-4 정도 / 범위

1 sekitar ～정도, 대략

Sekitar 150 orang akan hadir pada pameran ini.
150명 정도의 사람이 이 전시회에 참석할 것입니다.

* akan ～할 것이다
* hadir 참석하다
* pameran 전시회
* seratus lima puluh 150

Kita berjanji bertemu sekitar jam 7 malam.
저녁 7시 정도에 만나기로 약속했습니다.

• kita 우리
• berjanji 약속하다
• bertemu 만나다
• jam 7[tujuh] malam 저녁 7시

2 terdiri atas ～로 구성되어 있다

Tulisan ini terdiri atas beberapa paragraf.
이 글은 몇 개의 단락으로 구성되어 있다.

* tulisan 글
* beberapa 몇몇의
* paragraf 단락

1 pada (시간·행사앞에 사용) ~에

Acara itu akan dimulai pada jam 2 siang.

그 행사는 오후 2시에 시작될 겁니다.

* acara 행사
* akan ~할 것이다
* dimulai 시작되다
* jam 2(dua) siang 오후 2시

 비격식 구어체에서는 **생략하는 것**이 자연스럽다

A : Acaranya (dimulai) jam berapa?

행사가 몇 시에 (시작되는데)?

B : Nanti jam 2.

나중에 2시에.

• nanti 나중에

Pada suatu hari, putri salju bertemu dengan
tujuh orang kurcaci.

어느 날, 백설공주는 일곱 난쟁이와 만나게 되었어요.

• putri salju 백설공주
(putri 공주 salju 눈雪)
• bertemu (dengan)
(~와) 만나다

Pada kesempatan kali ini, kami akan mencoba
membahas tentang pemanasan global.

이번 차례에는 지구온난화에 대해 설명해보도록 하겠습니다.

• kesempatan 기회, 차례
• kali ini 이번
• mencoba ~를 해 보다 (영to try)
• membahas 설명하다, 논의하다
• tentang ~에 대해서
• pemanasan global 지구온난화

② pada waktu itu = pada saat itu 그 때

(Pada) waktu itu, saya masih belum lancar berbahasa Indonesia.

그 때는 아직 제 인도네시아어가 유창하지 않아을 때 였어요.

* waktu 시간
* saat 순간
* lancar 유창한
* belum lancar 아직 유창하지 않다
* berbahasa Indonesia 인도네시아어를 하다

③ sampai (시간, 기간) ～까지

Batas waktunya sampai hari Kamis. Jangan lupa, ya.

마감시간은 목요일까지예요. 잊지 마세요, 아셨죠?

* batas waktu 마감시간
* hari Kamis 목요일
* jangan ～하지 마세요
* lupa 잊다

④ menjelang ～즈음, 무렵

Menjelang Lebaran, biasanya harga BBM naik.

르바란이 다가 오면, 보통 기름값이 올라요.

* Lebaran 르바란(이슬람 최대 명절)
* biasanya 보통
* harga 가격
* BBM 베베엠 기름연료
* naik 오르다

Jangan sampai~ ~해서는 안 돼

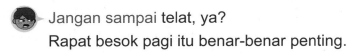

Jangan sampai telat, ya?
Rapat besok pagi itu benar-benar penting.

절대 늦는 일이 발생해서는 안 돼. 알겠지?
내일 아침 회의는 정말 중요해.

* telat 늦다
* rapat 회의
* besok pagi 내일 아침
* benar-benar 정말
* penting 중요한

Mudah-mudahan kali ini kita bisa sukses.

이번에는 성공해야 할 텐데요.

Iya, jangan sampai gagal lagi.

또 다시 실패를 해서는 안 되죠.

* mudah-mudahan (🌐 hopefully) ~해야 할텐데, ~했으면 좋겠다
* kali ini 이번에
* sukses 성공한
* gagal 실패하다
* lagi 또, 다시

이번엔 실수하면 안돼!

Sampai-sampai 심지어 ~ 한 일까지 일어나다

 Produk baru itu benar-benar laris manis.
Antreannya panjang sekali.

그 신제품은 아주 날개 돋친 듯이 팔렸어요.
(물건을 사려는 사람들로) 줄이 진짜 길어요.

* produk 제품
* produk baru 신제품 (baru 새로운)
* laris manis 잘 팔리다
* antrean (사람들이 서 있는) 줄
* panjang 길다
* sekali (형용사 뒤) 아주

 Sampai-sampai ada yang meninggal karena berdesakan.

(심지어) 사람들이 서로 밀쳐서 사망한 사람까지 있었다니까요.

* meninggal (사람이) 죽다, 돌아가시다
* berdesakan 서로 밀치다

 Saya kebanyakan makan sambal kemarin.
Sampai-sampai diare beberapa hari.

지난 번에 삼발을 너무 많이 먹었어요.
며칠씩이나 설사를 했지 뭐예요.

* kebanyakan makan 너무 많이 먹다
* sambal 삼발(인도네시아 고추 양념)
* kemarin 지난 번에, 어제
* diare = menceret 설사하다
* beberapa hari 며칠(간)

 Makanya, jangan terlalu banyak makan sambal.
그러니까요. 삼발 너무 많이 먹지 마세요.

6-6 목적

1 bagi　～에게 있어, ～한테

Bagi saya, ini kesempatan yang sangat berharga.
저에게 이건 정말 가치 있는 기회입니다.

* kesempatan 기회
* sangat (형용사 앞) 아주
* berharga 가치 있다
구문편 205p kepada와 연계학습

2 untuk　(목적, 이유, 의도)～하기 위해, ～하도록; (기간)～ 동안

Pemerintah Singapura mendorong para pengendara mobil untuk membuang mobil yang sudah lama dipakai.
싱가포르 정부는 자가용 운전자들이 오래 사용한 차를 폐차하도록 독려했습니다.

* mendorong 밀다
* pengendara mobil 자가용 운전자
* para ～들
* membuang 버리다
* lama dipakai 오래 사용되다

Saya harus bekerja di Papua untuk beberapa bulan.　　　　(= selama)
저는 몇 개월 동안 파푸아에서 일을 해야 합니다.

• harus ～해야 하다
• bekerja 일하다
• beberapa bulan 몇 개월
• beberapa 몇몇(图a few, several)
• bulan 달, 개월

3 buat ～을 위한 (것), ～한테 informal

Kue tart itu buat siapa?

그 생일케이크 누구한테 주려는 거야? (=untuk siapa)

* kue tart 케이크
* siapa 누구

Baju ini kebesaran buat anak saya.

이 옷은 우리 아이한테는 너무 커요.

• baju (윗) 옷
• kebesaran = terlalu besar
너무 크다

4 demi (아주 중요하거나 소중한 무언가를) 위해

Dia berlatih keras demi meraih medali emas.

그는 금메달을 따기 위해 열심히 연습한다.

* berlatih keras 열심히 연습하다
* meraih medali emas 금메달을 거머쥐다

Saya harus rajin bekerja demi keluarga saya.

저는 저희 가족을 위해 열심히 일해야 합니다.

• harus ～해야 하다
• rajin bekejra 열심히 일하다
• keluarga 가족
• keluarga saya 우리 가족

5 guna (목적) ～ 하기 위해, ～할 요량으로

Tim teknis sudah mengecek kembali semua alat sebelum acara / guna menghindari masalah teknis.

기술적인 문제를 피하기 위해 /
기술팀이 행사 전에 모든 기계를 재확인 했습니다.

* tim teknis 기술팀
* mengecek kembali 재확인하다
* menghindari 피하다
* masalah teknis 기술적인 문제

접속사

문장과 문장, 또는 문장 안에서 두 성분을 이어준다.

미리보기

① 시간

② 이유 / 원인 / 결과

③ 대등 연결

④ 목적

⑤ 역접

⑥ 시간

⑦ 조건

⑧ 첨가

⑨ 비교

⑩ 도구 / 방법

⑪ 예시

⑫ 전환

⑬ 그 외

7-1 시간

1 sejak=semenjak ~한 이래로 (영since)

Sejak tahun 2000an, sinetron Korea mulai terkenal di Indonesia.

2000년대 이래로 한국 드라마가 인도네시아에서 인기를 끌기 시작했다.

* tahun 2000an 2000년대
* sinetron TV드라마
* mulai 시작하다
* terkenal 인기있는

Semenjak dia pindah, dia jarang kelihatan di kampus.

이사한 이후로 학교에서 거의 안 보이더라.

• pindah 이사하다
• jarang kelihatan
  거의 보이지 않다
• kampus 캠퍼스

2 setelah(sesudah) ~한 후에

Setelah pulang dari kantor, saya bermain bersama anak-anak saya.

일하고 돌아온 후에는 아이들과 같이 놉니다.

* bersama ~와 함께
* anak-anak 아이들

Minumlah obat ini sesudah makan.

식후에 이 약을 드세요.

• minum obat 약을 먹다

3 setelah itu   그 후에

Masukkan daging ke dalam panci.

Setelah itu, masukkan sayur-sayuran.

냄비에 고기를 넣어요. 그 후에 야채를 넣어요.

* memasukkan ～을 넣다
* panci 냄비
* sayur-sayuran 야채

4 sehabis   ～를 다 한 후에 (～를 다 하자마자 곧)

Sehabis makan malam, dia langsung pulang ke rumahnya.

저녁을 다 먹은 후에, 그는 곧장 집에 갔다.

* makan malam 저녁먹다
* langsung 곧장

setelah와 habis   구어체로는 ～를 한 후에라는 뜻으로 **setelah**보다 **habis**를 더 많이 쓴다.

A : Ayo kita jalan-jalan! 우리 놀러 가자!

B : Boleh. Tapi aku lagi makan. Habis makan, kita jalan-jalan, oke?
그러지 뭐. 근데 나 지금 밥 먹고 있어. 밥 다 먹고 놀러가자, 알겠지?

• ayo (청유) 어서 ～하자
• jalan-jalan 돌아 다니다, 놀러 다니다
• lagi makan 밥 먹는 중이다

⑤ sebelum　　～하기 전에

Sebelum berangkat, saya harus memanaskan motor saya dulu.

출발하기 전에, 제 오토바이 예열 먼저 해야 돼요.

* berangkat 출발하다
* memanaskan ～을 뜨겁게 하다(어근 panas)
* motor 오토바이
* dulu (문미) 먼저

⑥ selama　　～동안

Saya akan dinas ke Kalimantan selama dua bulan.

저는 두 달 동안 칼리만탄에 출장을 갈 예정입니다.

* dinas ke ～에 출장 가다
* dua bulan 2달

Selama saya bekerja di sini / belum pernah ada demo.

제가 여기서 일하는 동안 데모가 한 번도 없었습니다.

• bekerja 일하다
• belum 아직(～하지 않음)
• pernah ～한 적이 있다
• demo 데모

7-2 이유 / 원인 / 결과

1 karena ～때문에

Saya tidak bisa masuk kantor hari ini karena anak saya sakit parah.

저희 아이가 아주 많이 아파서 오늘 출근할 수가 없습니다.

* tidak bisa 할 수 없다
* masuk kantor 출근하다
* anak saya 우리 아이
* sakit parah 심각하게 아픈 (sakit 아픈)

2 oleh karena itu =oleh sebab itu ～때문에

Oleh karena itu, ekonomi Indonesia semakin membaik.

(앞에 설명 된) 그것 때문에 인도네시아 경제가 점차 좋아지고 있습니다.

* ekonomi 경제
* semakin 점점 ～ 해 지다
* membaik 좋아지다

3 gara-gara (=hanya karena) 단지 ～때문에, ～탓에

Gara-gara uang Rp 1.000, mereka berantem sampai sekarang.

걔네들 1,000 루피아 때문에 지금까지 싸우고 있어.

* uang 돈
* berantem 싸우다
* sampai sekarang 지금까지

4 akibat   ～로 인해, ～의 결과로 [결과 + akibat + 원인]

Banyak orang meninggal akibat bencana alam tahun lalu.

지난 해에는 많은 사람들이 자연재해로 인해 사망했습니다.

* meninggal (dunia) 세상을 뜨다, 죽다
* bencana alam 자연재해
* (pada) tahun lalu 작년(에)

5 lantaran   ～로 인해 (～이 초래되다), ～때문에

Banyak pengendara mobil marah lantaran kemacetan lalu lintas.

많은 운전자들이 교통혼잡때문에 화가 났습니다.

* pengendara mobil (pribadi) 자가 운전자
* kemacetan lalu lintas 교통혼잡

6 jadi   그래서

Saya belum lama tinggal di Indonesia.

Jadi bahasa Indonesia saya masih belum lancar.

저는 인도네시아에서 산 지 얼마 되지 않았습니다.
그래서 아직 인도네시아어가 서툽니다.

* belum lama 아직 오래되지 않았다
* bahasa Indonesia saya 저의 인도네시아어(실력)은
* lancar (언어가) 유창한
* belum lancar 아직 유창하지 않다
* masih belum lancar 아직도 유창하지 않다

7 sehingga　～해서 ～하다 [원인 + sehingga + 결과]

Gunung Merapi meletus sehingga semua warga di daerah itu mengungsi.

므라삐 화산이 폭발해서 그 지역의 모든 주민들이 피난을 갔습니다.

* meletus 폭발하다
* semua 모든
* warga 주민
* daerah 지역
* mengungsi 피난가다

8 akhirnya　결국, 마침내

Setelah sekian lama, mereka akhirnya bisa bertemu.

오랜시간이 지난 후, 마침내 그 사람들은 만날 수 있게 되었다.

* setelah ～후에
* sekian lama (정확히는 알 수 없지만) 어느 정도 오래, 얼마간
* bisa ～할 수 있다
* bertemu 만나다

9 sebagai hasilnya　그 결과로

Dia bekerja keras selama bertahun-tahun, dan sebagai hasilnya dia mendapat penghargaan dari perusahaannya.

그 사람은 수년간 아주 성실히 일했고, 그 결과로 회사에서 상을 받았습니다.

* bekerja keras 열심히 일하다
* selama ～동안 * selama bertahun-tahun 수년간
* mendapat ～을 얻다, 받다
* penghargaan 상
* dari ～로부터(영 from)
* perusahaan 회사
* perusahaannya = perusahaan dia 그의 회사

7-3 대등 연결

1 dan ～와, 그리고 (영 and)

Saya suka makan nasi goreng dan ikan bakar.

저는 '나시고렝(볶음밥)'과 숯불구이 생선 먹는 것을 좋아해요.

Saya suka makan ayam goreng, sama es teh.

저는 아이스티랑 닭 튀김을 좋아해요.

└─～랑

es teh 아이스 티

* suka + 동사 ～하는 것을 좋아하다
* suka makan + 목적어 ～를 먹는 것을 좋아하다
* nasi goreng 볶음밥
* ikan 생선
* bakar 숯불에 굽다
* ikan bakar 숯불생선구이
* ayam goreng 닭 튀김(치킨)

2 serta ～ 또한 (영 as well as)

Dengan uang segitu, Anda sudah bisa menginap dan menyewa motor serta menjelajahi pantai-panati indah di Yogyakarta.

그 정도의 돈으로 족자카르타에서 숙박도 할 수 있고
오토바이도 빌릴 수 있고 아름다운 해변도 돌아 볼 수 있습니다.

* dengan ～로(영 with) * uang 돈 * segitu 그 정도
* menginap (～에) 묵다
* menyewa 임차하다
* motor 오토바이
* menjelajahi ～를 탐험하다
* pantai 해변
* indah 아름다운

3 atau　또는, ～이거나, ～하거나

Anak saya ingin menjadi pilot atau polisi.

우리 아이는 파일럿이나 경찰이 되고 싶어합니다.

* anak saya 우리 아이 (anak 아이)
* ingin ～하고 싶어하다 (문체, 격식)
* menjadi ～가 되다
* pilot 파일럿
* polisi 경찰

4 alias　～의 다른이름으로는, 또는

Sinetron Negeri Ginseng alias sinetron buatan Korea / sangat populer di Indonesia sekarang.

'인삼의 나라' 라고 불리우는 한국이 만든 드라마가 인도네시아에서 아주 인기를 끌고 있다.

* sinetron (TV)드라마
* Negeri Ginseng 인삼의 나라
* buatan Korea 한국이 만든 것, 한국산
* sangat populer 아주 인기있는
* sekarang 지금

7-4 목적

① agar / supaya ～하도록 (영in order to) [supaya가 agar 보다 더 격식]

Makan yang banyak agar cepat sembuh!

빨리 낫도록 많이 드세요.

* banyak 많은, 많이
* makan 먹다
* banyak(lah) makan 많이 드세요 (-lah 명령을 부드럽게 함)
* cepat 빨리
* sembuh 낫다

② biar ～하도록 (영 let)

Masukkan daun pepaya biar dagingnya jadi empuk.

고기가 연해지게 파파야 잎을 넣으세요.

* pakai 쓰다(영 to use)
* daun 잎
* pepaya 파파야
* daging 고기
* dagingnya (특정) 고기
* jadi ～가 되다
* empuk (고기가) 부드러운

 전치사 6-6 **목적** 214p untuk 참고

1 tetapi 하지만, 그러나 [구어 : tapi]

Saya ingin makan, tetapi tidak bisa karena sedang diet.

저도 먹고 싶지만 지금 다이어트 중이어서 그럴 수가 없습니다.

전 다이어트 중이여요>.<

* ingin ~하고 싶다(문체, 격식)
* makan 먹다
* tetapi (구어 tapi) 하지만
* tidak bisa 할 수 없다
* karena ~때문에
* sedang ~하고 있는 중
* diet 다이어트

2 namun 그러나

Awalnya Bawang Merah dan ibunya sangat baik kepada Bawang Putih.

Namun, lama-kelamaan sifat asli mereka mulai kelihatan.

처음에는 'Bawang Merah' 와 그의 엄마가 'Bawang Putih' 에게 잘 해 주었다.
하지만 시간이 오래 지나자 그 사람들의 원래 성격이 드러나기 시작했다.

−Bawang Merah dan Bawang Putih 이야기에서−

* awalnya 처음에는
* baik 좋은, (사람이) 착한
* kepada ~에게
* lama-kelamaan 오랜 시간이 지나자
* sifat 성격, 성향
* asli 진짜의
* mulai 시작하다
* kelihatan 보이다
* awalnya 처음에는
* baik 좋은, (사람이) 착한
* kepada ~에게

sate kambing 염소 꼬치구이

③ namun demikian   그렇지만

Tidak banyak orang Indonesia yang mengetahui Korea pada tahun 1980an. Namun demikian, **kini banyak orang Indonesia yang mengunjungi Korea untuk berwisata.**

1980년대에는 한국을 아는 인도네시아 사람이 많이 없었다.
그렇지만, 요즘은 한국에 관광을 하러 오는 사람들이 많다.

* kini 현재
mengetahui 알다
* mengunjungi ～를 방문하다
* berwisata 관광하다

④ meski(pun) / walau(pun)   ～라 하더라도 [pun 강조]

Meski(pun) **saya belum bisa berbahasa Indonesia, saya akan berusaha keras sampai bisa.**

아직 인도네시아어를 잘 하지 못하지만 할 수 있을 때까지 열심히 노력 할 겁니다.

* belum bisa～ 아직～을 못하다
* berbahasa Indonesia 인도네시아어를 구사하다
* akan ～할 것이다
* berusaha 노력하다
* berusaha keras 열심히 노력하다
* sampai bisa 할 수 있을 때까지

Aku iri kamu. Walaupun banyak makan, kamu tetap langsing.

난 네가 부러워. 넌 많이 먹어도 날씬해.

• iri 부러워하다
• banyak makan 많이 먹다
• tetap 계속 (유지)
• langsing 날씬한

5 meski(pun) demikian = walau(pun) demikian
그렇다 할 지라도, 그렇지만

Tim Brazil bukanlah lawan yang mudah bagi tim sepakbola Indonesia. Meski(pun) demikian, tim Merah Putih mengakui bahwa mereka sudah siap menghadapi pertandingannya.

브라질 팀은 인도네시아 축구팀에게 결코 쉬운 상대는 아니다.
그렇지만 인도네시아 팀은 경기에 나설 준비가 다 되었다고 말했다.

rendang 빠당 지역 음식 '른당'

* bukan + 명사 ~가 아니다
* bukanlah (강조) ~가 아니다
* mudah 쉬운
* bagi ~에게 있어서
* sepak bola 축구
* mengakui 고백하다, 인정하다
* bahwa (접)that절
* siap 준비된
* menghadapi 맞서다
* pertandingan 경기

단어 밑줄 쫙! 인도네시아 국가대표팀 : tim Merah Putih

tim Merah Putih
인도네시아 국가대표팀

인도네시아 국가대표팀을 **tim Merah Putih** 또는 **timnas** (= **tim nasional**)이라고 한다. **tim Merah Putih** 는 **Merah** 빨간색 **Putih** 흰색으로 이루어져 있는 인도네시아의 국기를 상징화 한 것이다.

6 padahal ～임에도 불구하고

Dia tidak berterima kasih.

Padahal sudah banyak mendapat bantuan selama ini.

그 사람은 감사할 줄 몰라.
그 동안 도움을 많이 받았는데도 불구하고 말이지.

* berterima kasih 감사히 여기다
* banyak mendapat ～을 많이 받다
* bantuan 도움
* selama ini 그 간

7 bagaimanapun 어쨌든

Bagaimanapun hasilnya, saya harus menerima.

결과가 어찌되었든 받아들여야죠.

* hasil 결과
* hasilnya 그 결과
* harus ～해야 한다
* menerima 받아들이다 (어근 terima)

8 bukanA (명사) melainkan B(명사) A가 아니고 오히려 B다

Dia bukan penyanyi melainkan pemain sepak bola.

그 사람은 가수가 아니라 축구선수이다

* penyanyi 가수
* pemain 선수
* sepak bola 축구

⑨ bukan A(명사) tetapi B(명사) A가 아니고 B이다

Dompet itu bukan punyaku, tetapi punya temanku.

그 지갑은 내 것이 아니고 내 친구 것이다.

* dompet 지갑
* punyaku= punya aku 내 것
* punya temanku 내 친구의 것

⑩ tidak A(형용사/동사) tetapi B(형용사/동사) A하지 않지만, B하다

Dia tidak pintar, tetapi rajin.

그 사람은 똑똑하지 않지만, 부지런합니다.

* pintar 똑똑한
* rajin 부지런한

Dia tidak makan daging, tetapi makan telur.

그는 고기는 먹지 않지만 계란은 먹습니다.

• makan 먹다
• daging 고기
• telur 계란

11 tidak hanya A(형용사/동사), tetapi juga B(형용사/동사)
A뿐만 아니라 B도

Pak Kim tidak hanya **bekerja lembur,**

tetapi juga **bekerja pada akhir minggu.**

김 부장님은 야근만 하시는 게 아니라,
주말에도 근무를 하십니다.

* (bekerja) lembur 야근하다
* akhir minggu 주말
* pada (시간 앞)~에 격식

12 bukan hanya A(명사) , tetapi juga B(명사) A뿐만 아니라 B도

Bukan hanya **orang Korea,** tetapi **orang asing** juga **bisa**

berpartisipasi.

한국 사람 뿐만 아니라 외국인도 참가할 수 있습니다.

* orang Korea 한국 사람
* orang asing 외국 사람
* bisa 할 수 있다
* berpartisipasi 참가하다

1 ketika   ~할 때

Ketika saya pulang kerja semalam, tidak ada siapa-siapa di rumah.

어젯밤에 퇴근 했을 때, 집에 아무도 없었어요.

* pulang kerja 퇴근하다
* semalam 지난 밤에, 어젯 밤
* di rumah 집에

2 sementara   한편, 그런데

Pemerintah mengumumkan berlakunya kebijakan baru.

Sementara, masyarakat belum siap menerimanya.

정부가 새로운 정책 발효를 발표했으나
국민들은 아직 이를 수용할 준비가 되어있지 않다.

* pemerintah 정부
* mengumumkan 발표하다
* berlakunya 유효화된 것
* kebijakan 정책
* kebijakan baru 새로운 정책
* masyarakat 국민들
* belum siap 아직 준비가 안 되다
* menerimanya 그것을 받아들이다 (= menerima kebijakan baru itu 그 새로운 정책을 받아들이다)

3 untuk sementara   잠시, 일시적으로

Suami saya bekerja untuk sementara di Korea.

제 남편은 한국에서 잠시 일하고 있어요.

* suami 남편

④ sambil ～하면서 (～하다)

Dia sedang mengambil program S3 sambil bekerja.

그 사람은 일하면서 박사과정을 밟고 있어요.

* mengambil (⑱ to take)
* mengambil program S3 박사과정을 듣다
* bekerja 일하다

program S1 학사과정 : Strata 1 [satu]
program S2 석사과정 : Strata 2 [dua]
program S3 박사과정 : Strata 3 [tiga]

• strata (계)층, 레벨

⑤ begitu ～하자 마자, 아주 ～한

Begitu pulang kerja, saya langsung tidur karena capai.

퇴근하자 마자, 피곤해서 곧바로 잤어요.

* pulang kerja 퇴근하다
* langsung 곧바로
* tidur 자다
* karena ～때문에
* capai 피곤한

Pemandangan alamnya begitu indah.
자연 경치가 정말 아름다웠어요.

• pemandangan 경치
• alam 자연
• indah 아름다운

Saya tidak begitu suka daging ayam.
저는 닭고기를 그렇게 좋아하지 않아요.

• suka 좋아하다
• daging 고기
• ayam 닭
• daging ayam 닭고기

[6] seusai   ~ 끝나자 마자

Para pemain sandiwara itu turun dari panggung seusai pertunjukannya.

그 연극 배우들은 공연이 끝나자 무대에서 내려 왔다.

* para ~들
* pemain sandiwara 연극배우 (sandiwra 연극)
* turun 내려 오다
* dari ~로 부터
* panggung 무대
* pertunjukan 공연
* pertunjukannya = pertunjukan mereka 그들의 공연

[7] kemudian   그리고 나서, 그 다음에 [앞뒤 절차와 관련]

Bersihkan sawi putih. Kemudian, taburi garam.

배추를 씻습니다. 그 다음에 소금을 칩니다.

* bersihkan 씻으세요
* bersih 깨끗한
* sawi putih 배추
* taburi 뿌리세요
* tabur 어근 뿌리다
* garam 소금

[8] lalu   그리고 나서, 그 다음에

Belok kiri di perempatan. Lalu berjalanlah sekitar 5 menit.

사거리에서 좌회전 해요. 그리고 나서 5분 정도 걸어요.

* belok 돌다 (영 to turn)
* belok kiri 왼쪽으로 돌다
* perempatan 좌회전
* berjalanlah 걸으세요
* sekitar ~정도
* 5[lima] menit 5분

9 dari ~ sampai ～에서 ～까지

Saya biasanya tidur dari jam 11 malam sampai jam 6 pagi.

저는 보통 밤 11시부터 아침 6시까지 잡니다.

* biasanya 보통
* tidur 자다
* jam 11[sebelas] malam 밤 11시
* sampai ～까지
* jam 6[enam] pagi 아침 6시

10 mulai dari ~ sampai ~ ～부터 시작해서 ～ 까지

Acaranya berlangsung mulai dari 11 November sampai 20 Desember.

그 행사는 11월 11일을 시작으로 12월 20일까지 진행됩니다.

* acara 행사
* berlangsung 진행되다
* 11(sebelas)
* 20(dua puluh)

11 selesai + 동사 ～ 하고 나서, ～한 후

Selesai mengikuti rapat, mereka makan siang bersama-sama.

회의에 참석한 후, 그 사람들은 다 함께 점심을 했다.

* mengikuti rapat 회의에 참석하다
* makan siang 점심을 먹다
* bersama-sama 다 함께

235

1 jika = kalau = jikalau ～라면 (영 if) [kalau 일상구어 jika 문어, 격식]

Kapan-kapan, kalau ada waktu, kita makan bareng, ya.

언제 한번, 시간 있으면, 밥 같이 먹어요～.

* ada waktu 시간이 있다

* makan bareng 같이 먹다(informal)

2 apabila ～라면, ～라고 한다면

Apabila terjadi kecelakaan, kami akan bertanggung jawab.

사고가 발생한다면 저희가 책임을 지겠습니다.

* terjadi 일어나다, 발생하다

* kecelakaan 사고

* bertanggung jawab 책임지다

③ kalaupun   (설령) ～라고 해도 (영even if)

 Katanya mantan pacarmu pengin balikan sama kamu, ya?

너 전 남자친구가 너랑 다시 사귀고 싶어한다며?

 Entahlah. Kalaupun iya, aku yang enggak mau.

글쎄, 모르겠다. 그렇다고 해도, 난 싫어.

* pacar 애인
* mantan pacar 전 남자친구/여자친구
* pacarmu = pacar kamu 네 애인
* pengin ～하고 싶다 `informal`
* balikan 재결합하다
* sama ～랑

④ asal(kan)   ～하기만 한다면

Kamu boleh cuti, asal(=asalkan) kamu sudah menyelesaikan pekerjaanmu.

지난 번 업무 다 끝냈으면 연차 내도 돼.

* boleh ～해도 된다
* cuti 연차내다
* menyelesaikan ～을 끝내다,마치다
* pekerjaanmu = pekerjaan kamu 너의 일

⑤ seandainya = andaikata   (만약)～라면 [현재와 다른 상황을 상상]

Seandainya saya bisa ke Amerika lagi....

미국에 다시 갈 수만 있다면....(실제로는 갈 수 없는 상황)

* lagi 다시,또

7-8 첨가

① di samping itu (위치)그 옆에, 그 외에도

Di samping gedung itu ada toko alat tulis.

그 건물 옆에 문구사가 있어요.

* gedung 건물
* toko alat tulis 문구사

Rumah sakit itu mempunyai peralatan medis yang canggih.
Di samping itu, mereka memberikan pelayanan khusus wanita dan anak.

그 병원은 첨단 의료 기계를 갖추고 있다. 그 외에도 여성과 아이를 위한 서비스를 제공하고 있다.

- rumah sakit 병원
- mempunyai 가지고 있다
  (형 to have)
- peralatan medis 의료 기계
- canggih 첨단의
- memberikan ～을 주다
- pelayanan 서비스
- khusus ～만을 위한
- wanita 여성
- anak 아이

② selain itu / selain + (S) + V 그 외에도 / ～ 하는 것 외에도

Dia pernah bekerja sebagai sukarelawan di berbagai negara.
Selain itu, dia mendirikan rumah sakit khusus untuk anak yatim piatu.

그 사람은 여러 나라에서 봉사활동을 한 적이 있다.
그 밖에도 고아들을 위한 병원을 세우기도 했다.

* pernah ～한 적이 있다
* bekerja 일하다
* sebagai (자격)～로
* sukarelawan 자원봉사자
* berbagai 여러
* negara 나라
* mendirikan ～을 세우다. 설립하다
* anak yatim piatu 고아

Selain terkenal sebagai kota wisata, Yogyakarta juga terkenal sebagai kota pendidikan.

족자카르타는 관광도시로 유명하고, 교육도시로도 유명하다.

③ apalagi　　게다가

Dia cerdas dan rajin. Apalagi dia sudah banyak berpengalaman di bidang ini.

그는 똑똑하고 부지런합니다. 이 분야에서 경험도 이미 상당하고요.

* cerdas 영리한
* rajin 부지런한
* banyak berpengalaman 경험이 많다
* pengalaman 경험
* bidang 분야

똑똑함 ✛ 부지런함 ✛ apalagi ✛ 경험도 많음

나열된 것들이 동일성이 있고, 동일한 정도의 병렬구조를 이룸

Tinggal di Jakarta sangat melelahkan.
Setiap hari macet, apalagi banyak polusi.

자카르타에 사는 건 아주 피곤하다.
매일 길이 막히는 데다가, 오염도 심하다.

길막힘 ✛ apalagi ✛ 공기도 안 좋음

kemacetan 교통혼잡

4 lagipula (=lagian, tambahan lagi)　게다가

Jangan pusing mikirin laporannya.

Lagian kan bos sudah bilang laporannya tidak perlu direvisi.

골치 아프게 보고서 생각 자꾸 하지마. 보스도 수정할 필요 없다고 했잖아.

* pusing 머리 아픈
* mikirin ～을 생각하다 (격식 memikirkan)
* laporan 보고서
* bos 상사
* bilang 말하다
* tidak perlu ～할 필요가 없다
* revisi (정책, 보고서 등의 내용을) 수정하다
* direvisi 수정되다
참고 mengoreksi (오타를) 고치다 (어근 koreksi)

구어 *lagian*을 더 많이 쓴다

(화자의 주장을 이유를 들어 강화함, 상대방이 무언가를 하도록 이유를 첨언함)

5 baik A (명사) maupun B (명사)　A뿐만 아니라 B도

Baik anak-anak maupun orang dewasa sama-sama

menyukai sinetron korea.

어린이들 뿐만 아니라 어른들도 모두 한국 드라마를 좋아한다.

* anak-anak 아이들
* dewasa 성인
* sama-sama 둘다, 똑같이
* menyukai ～을 좋아하다
* sinetron (TV)드라마

⑥ **bahkan** 심지어 (〜까지)

Pada saat terkena serangan jantung, beliau dalam keadaan sehat. Bahkan beliau baru saja selesai bermain sepak bola dengan kawan-kawannya.

심장마비에 걸렸을 때 그 분은 건강한 상태였다.
심지어 심장마비 직전에 동료들과 축구경기까지 했다.

앗! 헛발질;;;

* terkena 〜에 걸리다
* serangan jantung 심장마비
* beliau (그) 분
* dalam keadaan sehat 건강한 상태에 있다
* baru saja 이제 막 〜한
* selesai + 동사 〜를 마치다
* bermain sepak bola 축구를 하다
* dengan 〜와 (영 with)
* kawan-kawannya 자기의 친구들과

7-9 비교

① seperti　　～와 같은, ～처럼

Saya pengin gaya rambut seperti ini.

이런 머리스타일을 하고 싶어요.

* pengin : ingin 의 비격식 일상 구어 ～하고 싶다, ～를 원하다

* gaya rambut　머리스타일

* seperti ini　이런, 이것 처럼

② sebagaimana　　～와 같이, ～하듯이, ～했듯이

Sebagaimana dijelaskan tadi,

Komodo di Indonesia semakin langka.

좀 전에 설명드린바와 같이,
인도네시아의 코모도가 점차 멸종되어가고 있습니다.

* dijelaskan　설명되다

* tadi　아까

* semakin　점점 더～

* langka　희귀한, 거의 발견되지 않는

③ bagaikan   (마치)~와 같이 (비유)

Mereka selalu berantem bagaikan anjing dan kucing.

걔네 들은 개랑 고양이처럼 맨날 싸워.

* selalu 항상
* berantem 싸우다
* anjing 개
kucing 고양이

④ seolah-olah = seakan-akan
(현재상태나 사실과 달리) 마치~인 것처럼, 마치 ~ 할 것처럼

Dia berbicara seolah-olah dialah yang paling pintar sedunia.

그는 세상에서 마치 자기가 제일 똑똑한 사람인 것 처럼 말했다.

* berbiacara (🐵 to speak) 말하다
* dia 그.그녀
* paling 가장
* pintar 똑똑한
* sedunia 전세계 = seluruh dunia

저게 뭐지?

후훗! 바나나!

7-10 도구 / 방법

1 dengan ~와, ~로(영with, by)

dengan + 사람   ~하고

Dia baru pergi dengan temannya.
친구하고 이제 막 어디 갔어.

- baru + 동사 이제 막 ~하다
- pergi (어디에) 가다
- dengan temannya 자기 친구와
- sama 구어 ~랑 = dengan

dengan naik + 교통수단   ~을 타고

Saya ke sekolah dengan naik bus.
저는 버스를 타고 학교에 가요.

- (pergi) ke ~에 가다
- sekolah 학교
- naik 타다

dengan + 도구   ~로

Dia menulis dengan pensil.
그는 연필로 글을 쓴다.

- menulis 쓰다
- pensil 연필

dengan + 동사   ~를 해서, ~를 함으로써

Hanya dengan mengedipkan matanya,
dia berhasil melelehkan hatiku.
눈을 깜빡이는 것만으로도 그는 내 마음을 녹였다.

- hanya ~만
- hanya dengan ~만으로
- mengedipkan mata 눈을 깜박이다
- berhasil ~를 해 내다, 성공하다
- melelehkan ~를 녹이다
- hati 마음
- hatiku 내 마음(= hati aku)

2 kecuali 〜를 빼고, 제외하고 (영 except for, except that)

Semua akan ikut kecuali Pak Kim.

Pak Kim 말고는 다 참석할 겁니다 (따라 갈 겁니다).

* semua 모두

* akan 〜할 것이다

3 tanpa 〜없이 (영 without)

Hidupku tidak berarti tanpamu.

내 인생은 너 없이는 의미가 없어.

* hidupku = hidup aku 내 인생

* berarti 의미가 있다, 〜를 의미하다

* tanpamu = tanpa + kamu 너 없이

4 secara + 형용사 〜하게, 〜한 방법으로

secara jelas	분명하게

Pemerintah belum menerangkan soal itu secara jelas.

정부는 그 문제에 대해 아직 분명히 밝히지 않고 있다.

• pemerintah 정부

• menerangkan 〜을 설명하다, 밝히다

• soal 문제

secara adil	〜을 타고

Para juri harus menilai secara adil.

심사위원들은 공정하게 평가를 해야합니다.

• juri 심사위원

• para juri 심사위원들

• menilai 평가를 하다

secara damai	평화적으로

Kedua negara itu akan melakukan perundingan secara damai.

양국은 평화적으로 회담을 할 것입니다.

- kedua negara 양국
- akan ～할 것이다
- melakukan perundingan 협의를 하다

5 dalam ～하는 데 있어서

Dia pantang menyerah dalam mencapai cita-citanya.

그는 꿈을 이루는 데 있어서 절대 포기하지 않는 자세로 열심히 했습니다.

* pantang menyerah 절대 포기하지 않는다
* mencapai ～를 이루다
* cita-cita 꿈

Dalam rangka apa? 무슨 일로요?

A : Saya (pergi) ke Jepang minggu depan.

저 다음주에 일본에 갑니다.

B : Oh, ya? Dalam rangka apa?

아, 그래요? 무슨일로 가시는데요?

A : Ada konferensi internasional.

국제회의가 있어서요.

- minggu depan 다음 주
- konferensi 회의
- konferensi internasional 국제회의

7-11 예시

1 misalnya = contohnya = seumpamanya · 예를 들어, 일례로

Untuk menunda proses penuaan

banyak hal yang bisa dilakukan.

Misalnya, berolahraga secara teratur atau makan sehat.

노화를 늦추기 위해 많은 것을 할 수 있다.
예를 들면, 규칙적으로 운동을 하는 것이나 건강하게 먹는 것이다.

* menunda 연기하다 (어근 tunda)
* proses 절차, 과정
* penuaan 노화
* hal ~것
* banyak hal 많은 것
* dilakukan 행해지다
* hal yang bisa dilakukan 할 수 있는 것
* berolahraga 운동하다
* secara teratur 규칙적으로
* atau 또는
* makan sehat 건강하게 먹다

2 salah satunya (adalah) · ~ 그 중 하나는 ~ (이다)

Banyak grup penyanyi Korea populer di negara-negara Asia

Tenggara. Salah satunya (adalah) Super Junior.

많은 한국 가수 그룹들이 동남아에서 인기를 얻고 있다.
그 중 하나가 슈퍼주니어이다.

* grup 그룹
* penyanyi 가수
* populer 인기 있는
* negara-negara 국가들
* Asia Tenggara 동남아

③ yaitu = yakni　　즉, 바로

Ada lima pulau besar di Indonesia, yaitu Jawa,
Sumatera, Kalimantan, Sulawesi, dan Papua.

인도네시아에는 5개의 큰 섬이 있는데, 바로 자와, 수마트라, 칼리만탄, 술라웨시, 파우아 섬이다.

* ada 있다
* pulau 섬
* pulau besar 큰 섬

④ antara lain A　　그 중에는 A가 있다 (영 among)

Universitas itu membuka program baru, antara lain bahasa
Belanda, bahasa Jerman dan bahasa Thailand.

그 대학은 네덜란드어, 독일어 및 태국어와 같은
새로운 프로그램을 개설했다.

* universitas 대학
* membuka 열다
* program baru 새로운 프로그램
* bahasa 언어

7-12 전환

1 justru · (오히려) 다른게 아니라 바로 그것

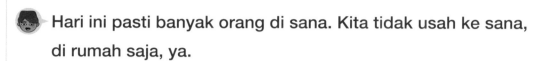 Hari ini pasti banyak orang di sana. Kita tidak usah ke sana,
di rumah saja, ya.

오늘 거기 분명 사람 많을 거야. 거기 가지 말고 그냥 집에 있자.

Justru karena itu, kita harus ke sana. Kalau banyak orang,
lebih seru.

사람이 많으니까 더 가야지. 사람 많으면 더 재밌어.

* hari ini 오늘
* pasti 분명 (단언. 확언)
* di sana 거기에
* rumah 집
* karena itu 그것 때문에
* banyak orang 사람이 많다
* lebih seru 더 신난다. 재미있다

2 malah · (생각과 반대로) 오히려, 사실

 Kapan mau pinjam tasku?

내 가방 언제 빌릴거야?

* kapan 언제
* mau ～하려고 하다
* pinjam 빌리다
* tas 가방
* tasku=tas aku 내 가방

 Enggak jadi. Bawa dua tas malah repot.

안 빌리려고. 내 생각엔 가방 두 개 가져가면 오히려 귀찮아 질 것 같애.

* enggak jadi (＝tidak jadi) 하려고 하던 것이 취소되다. 취소하다
* bawa 가져 가다. 가져 오다
* repot 번거로운

7-13 그 외

1 bahwa   영어의 that절 과 비슷

Bupati Kabupaten tersebut menambahkan bahwa dia akan membangun perpustakaan umum di daerahnya.

군수는 해당 지역에 공공 도서관을 세우겠다고 덧붙여 말했습니다.

* bupati 군수
* Kabupten 군(郡)
* tersebut (영mentioned, the) 이전에 언급된
* menambahkan ~을 추가하다
* membangun ~을 세우다
* perpustakaan 도서관
* umum 공공의
* daerah 지역

2 sebagai   ~로 (자격)

Beliau itu sudah lama bekerja sebagai sukarelawan di Afrika.

그 분은 아프리카에서 봉사자로 일한 지 오래 되었습니다.

* beliau itu 그 분
* sudah lama (이미) 오래 되다
* bekerja 일하다
* sukarelawan 자원봉사자

3 menurut ~에 따르면 (영according to ~)

Menurut hasil penelitian, orang cerdas cenderung jarang mengambil cuti sakit.

연구 결과에 따르면, 똑똑한 사람들은 병가를 잘 내지 않는 편이다.

* hasil 결과
* penelitian 연구
* cerdas 영리한
* cenderung ~하는 경향이 있다
* jarang 거의 ~않다
* mengambil cuti 휴가를 내다, 연차를 내다
* sakit 아프다
* cuti sakit 병가

4 berdasarkan ~에 의하면, ~에 바탕을 두어 (영based on ~)

Berdasarkan hasil analisis data tersebut, konsumen memiliki perilaku yang berbeda-beda.

그 자료 분석 결과에 의하면, 소비자들은 각기 다른 행동패턴을 갖고 있는 것으로 나타났다.

* hasil 결과
* analisis 분석
* data 데이터
* konsumen 소비자
* memiliki ~를 가지고 있다
* perilaku 행동(패턴)
* berbeda-beda (각기) 다른

5 sehubungan dengan itu — 그 것과 관련해, 그것과 연관되어

Sehubungan dengan itu, tim pengacara akan melakukan tindak lanjut untuk menyelesaikan masalahnya.

그 것과 관련하여 법무팀이 문제를 해결하기 위한 차후 조치를 취할 것이다.

* tim pengacara 법무팀
* pengacara 변호사
* melakukan ~을 하다
* tindak lanjut 차후 조치
* menyelesaikan masalah 문제를 해결하다

6 dengan kata lain — 다시 말해

Pantai-pantai di daerah Gunung Kidul sedang naik daun. Dengan kata lain, tak henti-hentinya orang berkunjung ke pantai indah di daerah tersebut.

'구눙 키둘' 지역의 해변이 한창 인기를 끌고 있다.
다시 말해, '구눙 키둘' 지역의 아름다운 바다를 찾는 사람들이 끊이지 않고 있다.

* pantai 해변
* daerah 지역
* sedang naik daun 한창 인기를 끌고 있다
* tak henti-hentinya 끊임이 없다
* berkunjung ke ~를 방문하다
* indah 아름다운

7 termasuk

~를 포함한, ~를 비롯한 (including)

Beberapa pemimpin negara dari Asia Tenggara termasuk Indonesia akan berkumpul di Amerika.

인도네시아를 비롯한 일부 동남아시아 국가의 수장들이 미국에 모일 것이다.

* pemimpin negara 국가 원수, 대통령
* Asia Tenggara 동남아
* berkumpul di ~에 모이다

8 sekaligus

~함과 동시에, ~임과 동시에

Dia adalah pengusaha sukses sekaligus profesor yang dihormati.

그는 성공한 사업가임과 동시에 존경받는 교수이다.

* pengusaha 사업가
* pengusaha sukses 성공한 사업가
* profesor 교수
* profesor yang dihormati 존경받는 교수

유창한 회화를 위한
열공!
인도네시아어 문법

저자 Universitas Gadjah Mada 민선희
2판 1쇄 2022년 1월 5일   발행인 김인숙   발행처 디지스
Editorial Director 김인숙   Designer 김미선
Printing 삼덕정판사

139-240
서울시 노원구 공릉동 653-5

대표전화 02-963-2456
팩시밀리 02-967-1555
출판등록 제 6-694호
ISBN 978-89-91064-99-7

Digis에서는 참신한 외국어 원고를 모집합니다. **e-mail : webmaster@donginrang.co.kr**